Ryszard Kapuściński
KÖNIG DER KÖNIGE

DIE ANDERE BIBLIOTHEK
Herausgegeben
von
Hans Magnus Enzensberger

Ryszard Kapuściński

KÖNIG DER KÖNIGE

Aus dem Polnischen
von
Martin Pollack

Eichborn Verlag
Frankfurt am Main 1995

Dr.med. U. Herrmann
Internist
Hochstr. 48-46236 **Bottrop**
Telefon 0 20 41 / 2 89 71
19 19 532-39

© für die deutschsprachige Ausgabe
Vito von Eichborn GmbH & Co., Verlag KG,
Frankfurt am Main, 1995.

Der Thron

> Vergiß mich —
> alles erlosch
> *Zigeunertango*

> Ach Negus Negesti
> rett' Abessinien
> unsere südlichen Linien
> sind in Gefahr.
> Und nördlich von Makale
> bedrängt hart der Feind uns
> Ach Negus, ach Negus
> gib mir Kugeln und Pulver.
> *Warschauer Lied
> aus der Zwischenkriegszeit*

Verfolgt man das Verhalten der einzelnen Hühner auf dem Hühnerhof, so ergibt sich, daß wenigstens für eine Zeit jedes Huhn eine bestimmte soziale Stellung einnimmt, die rangniederen Hühner werden gehackt, vor den ranghöheren macht man Platz. Es ergäbe sich also im Idealfall eine einreihige soziale Rangliste, am Anfang steht das Oberhuhn, es hackt alle anderen, alle in der Mitte hacken nach unten, aber respektieren die Höhergestellten. Am Ende steht wieder ein Huhn, das Aschenputtel oder der Prügelknabe, das vor allen zurückweichen muß.
> Adolf Remane
> *Das soziale Leben der Tiere*

Der Mensch gewöhnt sich an alles, wenn er nur das nötige Stadium der Unterwürfigkeit erlangt.
> C. G. Jung

Wenn der Delphin schlafen möchte, läßt er sich an der Wasseroberfläche treiben; ist er dann eingeschlafen, sinkt er langsam zum Meeresboden hinunter; durch das leichte Aufschlagen am Grund geweckt, steigt er wieder zur Oberfläche empor. Oben angekommen, schläft er neuerlich ein und sinkt in die Tiefe, wobei er frische Kräfte sammelt. So genießt er in ständiger Bewegung sein Ausruhen.
> Benedykt Chmielowski
> *Das neue Athen oder Eine Akademie
> erfüllt mit jedweder Wissenschaft*

An den Abenden hörte ich denen zu, die den Hof des Kaisers gekannt hatten. Einst waren sie Menschen des Palastes gewesen oder hatten Zutritt zu ihm gehabt. Es waren nicht mehr viele übrig. Ein Teil war umgekommen, erschossen von den Exekutionskommandos. Andere waren ins Ausland geflüchtet oder sie sitzen im Gefängnis, das sich in den Verliesen des Palastes befindet: aus den Salons wurden sie in die Keller geworfen. Manche verstecken sich in den Bergen oder leben, als Mönche verkleidet, in Klöstern. Jeder sucht auf seine Weise zu überleben, den ihm offenstehenden Möglichkeiten entsprechend. Nur ein kleiner Teil ist in Addis Abeba geblieben, wo es — wie sich herausgestellt hat — am leichtesten ist, die Wachsamkeit der Behörden zu täuschen.

Ich besuchte sie, wenn es schon dunkel war. Ich mußte die Autos und Verkleidungen wechseln. Die Äthiopier sind ungemein mißtrauisch und wollten nicht an die Aufrichtigkeit meines Vorhabens glauben: Ich hatte die Absicht, jene Welt wiederzufinden, die von den Maschinengewehren der Vierten Division weggefegt worden war. Die Maschinengewehre sind auf amerikanische Jeeps montiert, neben dem Fahrersitz. Sie werden von Schützen bedient, deren Beruf das Töten ist.

Hinten sitzt ein Soldat, der über ein Funkgerät die Befehle empfängt. Die Jeeps sind offen, und Fahrer, Schütze und Funker tragen daher dunkle Motorradbrillen, die halb vom Rand des Stahlhelms verdeckt sind und gegen den Staub schützen sollen. Man kann ihre Augen nicht sehen, die ebenholzfarbenen, stoppeligen Gesichter sind völlig ausdruckslos. Die Dreiermannschaften dieser Jeeps sind mit dem Tod so vertraut, daß die Fahrer die Wagen wie Selbstmörder lenken. Sie gehen mit voller Geschwindigkeit in die Kurven und rasen gegen die Fahrtrichtung, so daß alle zur Seite spritzen, sobald ein solches Gefährt heranschießt. Es ist besser, ihnen nicht ins Schußfeld zu geraten. Aus dem Funkgerät, das der Mann am Rücksitz auf den Knien hält, tönen zwischen Knacksen und Pfeifen aufgeregte Stimmen und Rufe. Man weiß nie, ob dieses heisere Gestammel nicht der Befehl ist, das Feuer zu eröffnen. Es ist besser, man macht sich dünn; besser, man verschwindet in eine Seitengasse und wartet ab.

Ich drang nun tiefer in die verwinkelten und schmutzigen Seitengäßchen ein und stieß auf Häuser, die nach außen hin einen verlassenen und unbewohnten Eindruck machten. Ich hatte Angst: die Häuser standen unter Beobachtung, und wie leicht konnte ich gemeinsam mit ihren Bewohnern hochgehen. Das wäre möglich, denn sie durchkämmen oft irgendeinen Winkel der Stadt oder ganze Stadtteile auf der Suche nach Waffen, subversiven Flugblättern und Menschen des alten Regimes. Alle Häuser überwachen, beobachten und bespitzeln sich gegenseitig. Ich nehme beim Fenster Platz, und sie sagen sofort — bitte, setzen Sie sich woanders hin, man könnte Sie von der Straße aus sehen, dort sind Sie ein leichtes Ziel. Ein Auto fährt vorüber, es hält an. Man hört Schüsse. Wer war das — diese oder jene? Und wer sind diese, und wer nicht — diese, die anderen, die gegen die einen sind, weil sie für jene sind? Das Auto fährt weiter. Hunde bellen, die ganze Nacht hindurch bellen in Addis Abeba Hunde, es ist eine Hundestadt, voll reinrassiger Hunde, verwildert und struppig, von Malaria und Würmern zerfressen

Unnötigerweise schärfen sie mir nochmals ein, ich solle vorsichtig sein: Keine Adressen und Namen, nicht einmal die Gesichter darf ich beschreiben, nicht, daß er groß ist, klein ist, mager ist, daß er so eine Stirn und solche Hände hat; oder daß sein Blick, die Beine, die Knie ... Es gibt niemanden mehr, vor dem man auf die Knie fallen müßte.

F.: Es war ein kleiner Hund, eine japanische Rasse. Er hieß Lulu. **Er durfte im Bett des Kaisers schlafen.** Während der verschiedenen Zeremonien sprang er vom Schoß des Kaisers herunter und pißte den Würdenträgern auf die Schuhe. Die Herren Würdenträger durften nicht zucken oder nur die kleinste Bewegung machen, wenn sie spürten, daß es in ihren Schuhen feucht wurde. Meine Aufgabe war es, zwischen den Würdenträgern herumzugehen und ihnen die Pisse von den Schuhen zu wischen. Dazu hatte ich ein Tuch aus Atlas. Das war zehn Jahre lang meine Beschäftigung.

L. C.:
Der Kaiser schlief in einem breiten Bett aus hellem Nußholz. Er war so zart und gebrechlich, daß man ihn kaum sehen konnte, er verschwand völlig im Bettzeug. Im Alter wurde er noch kleiner und wog nur mehr fünfzig Kilo. Er aß immer weniger und trank nie Alkohol. Seine Knie wurden steif, und wenn er sich allein wußte, schleppte er die Beine nach und schwankte hin und her, als ginge er auf Stelzen. Wenn er aber wußte, daß ihn jemand beobachtete, zwang er seine Muskeln mit größter Willensanstren-

gung zu einer gewissen Elastizität, um sich würdig bewegen und die kaiserliche Gestalt möglichst kerzengerade halten zu können. Jeder Schritt war ein Kampf zwischen Schlurfen und Würde, Bücken und aufrechtem Gang. Unser ehrwürdiger Herr vergaß nie den altersbedingten Defekt, den er nicht zeigen wollte, um nicht das Ansehen und die Autorität des Königs der Könige aufs Spiel zu setzen. Aber wir, die Diener des Schlafgemaches, wußten, wieviel Überwindung ihn diese Anstrengung kostete.

Er hatte die Gewohnheit, nur kurz zu schlafen und früh aufzustehen, wenn es draußen noch dunkel war. Überhaupt sah er im Schlaf einen Zwang, der ihm unnötig Zeit raubte, die er lieber mit Regieren und Repräsentieren zugebracht hätte. Der Schlaf war ein privater, lästiger Eindringling in sein Leben, das unter Dekorationen und Lichtern ablaufen sollte. Daher war er auch beim Erwachen irgendwie unzufrieden, daß er geschlafen hatte, ungehalten darüber, daß es den Schlaf überhaupt gab, und erst im weiteren Tagesablauf fand er seine innere Ausgeglichenheit wieder. Ich muß hier hinzufügen, daß der Kaiser nie auch nur das geringste Anzeichen von Unmut, Ärger, Zorn oder Frustration merken ließ. Man konnte glauben, daß er solche Gemütsbewegungen überhaupt nicht kannte und seine Nerven kalt und tot waren wie Stahl, oder daß er gar keine hatte. Das war eine angeborene Eigenschaft, die unser Herr bestrebt war zu entwickeln und zu vervollkommnen, eingedenk des Grundsatzes, daß Nervosität in der Politik ein Zeichen von Schwäche ist, das die Gegner ermutigt und die

Untergebenen heimlich Witze reißen läßt. Und der Monarch wußte genau, daß der Witz eine gefährliche Form des Widerstands ist. Daher hielt sich der Kaiser psychisch immer in Form. Er stand um vier oder fünf Uhr auf, und wenn er auf Staatsbesuch ins Ausland fuhr, sogar um drei. Später, als die Zustände im Land sich verschlimmerten, verreiste er immer öfter, und der ganze Palast war nur damit beschäftigt, den Kaiser auf neue Reisen vorzubereiten. Nach dem Erwachen drückte er auf einen Knopf am Nachtkästchen — die wachende Dienerschaft wartete bereits auf dieses Zeichen. Dann wurden im Palast die Lichter entzündet. Das war das Zeichen für das Kaiserreich, daß unser ehrwürdiger Herr einen neuen Tag begann.

Y. M.:
Der Kaiser begann seinen Tag damit, daß er sich die Berichte der Informanten anhörte. Die Nacht ist die gefährliche Stunde der Verschwörung, und Haile Selassie wußte, daß die Ereignisse der Nacht wichtiger sind als das, was tagsüber geschieht. Am Tag hatte er alle im Auge, aber in der Nacht war das nicht möglich. Aus diesem Grund maß er auch den morgendlichen Spitzelberichten so große Bedeutung bei. Hier möchte ich eines erklären: unser weiser Herr war nicht gewohnt zu lesen. Für den Kaiser existierte das geschriebene und gedruckte Wort nicht, alles mußte ihm mündlich vorgetragen werden. Der edle Herr hatte keine Schulen besucht, sein einziger Lehrer — und der nur in der Kindheit — war ein französischer

Jesuit gewesen, Monsignore Jérôme, der spätere Bischof von Harar und ein Freund des Dichters Arthur Rimbaud. Es gelang dem Geistlichen nicht, den Kaiser mit dem Lesen zu befreunden, und das war ja auch insofern schwierig, als Haile Selassie schon seit den Jahren seiner Kindheit verantwortliche Führungspositionen innehatte und ihm die Zeit zum Lesen fehlte.

Aber ich glaube, es war nicht nur eine Frage mangelnder Zeit und Gewohnheit. Der mündliche Vortrag hatte den Vorteil, daß der Kaiser gegebenenfalls behaupten konnte, dieser oder jener Würdenträger habe etwas ganz anderes berichtet, als es der Wirklichkeit entsprach, und der Betroffene konnte sich nicht rechtfertigen, da er ja keinen schriftlichen Beweis in der Hand hatte. So hörte der Kaiser von seinen Untergebenen nicht das, was sie tatsächlich sagten, sondern was seiner Meinung nach gesagt werden sollte. Unser erhabener Herr hatte eine bestimmte Konzeption, und dieser wurden alle Signale angepaßt, die den Kaiser aus seiner Umgebung erreichten. Ähnlich verhielt es sich mit dem Schreiben, denn unser Herrscher vernachlässigte nicht nur die Kunst des Lesens, sondern er schrieb auch nie etwas und unterzeichnete nichts eigenhändig. Obwohl er ein halbes Jahrhundert herrschte, wissen nicht einmal die ihm Nächststehenden, wie seine Unterschrift aussah.

Während der Amtsstunden stand dem Kaiser immer der Minister der Feder zu Seite, der alle Befehle und Verordnungen aufzeichnete. Ich muß hinzufügen, daß der Kaiser während der Arbeitsaudienzen sehr leise sprach und kaum die Lippen bewegte.

Der Minister, der nur einen halben Schritt neben dem Thron stand, war daher gezwungen, sein Ohr dicht an den kaiserlichen Mund zu halten, um die Entschlüsse des Monarchen hören und notieren zu können. Dazu waren die Worte des Kaisers in der Regel unklar und zweideutig, vor allem, wenn er vermeiden wollte, eindeutig Stellung zu beziehen, die Situation es aber verlangte, daß er sich äußerte. Die Geschicklichkeit des Monarchen war bewunderungswürdig. Wenn ein Würdenträger ihn um die kaiserliche Entscheidung bat, antwortete er nicht geradeheraus, sondern sprach mit so leiser Stimme, daß diese nur an das wie ein Mikrofon über seinen Lippen hängende Ohr des Ministers der Feder drang. Dieser notierte das knappe und undeutliche Gemurmel der Macht. Der Rest war eine Frage der Interpretation, und die oblag dem Minister, der die Entschlüsse in eine schriftliche Form goß und sie nach unten weiterleitete.

Der Minister der Feder war der engste Vertraute des Kaisers, und er besaß große Macht. Aus der geheimnisvollen Kabbala des kaiserlichen Gemurmels konnte er beliebige Entscheidungen ableiten. Wenn alle von der Trefflichkeit und Weisheit der höchsten Verfügungen in Erstaunen versetzt wurden, dann war dies nur ein weiterer Beweis für die Unfehlbarkeit des Gotterwählten. Drang aber aus der Luft oder irgendeinem Winkel des Reiches auch nur ein Wispern der Unzufriedenheit an das Ohr des Monarchen, dann konnte er alles auf die Dummheit des Ministers schieben. Dieser war somit der meistgehaßte Mann am Hof, denn die öffentliche Meinung war von der Weisheit und Güte unseres huldreichen Herrn überzeugt und machte für alle schlechten und gedankenlosen Entscheidungen, von denen es viele gab, den Minister verantwortlich. Die Dienerschaft flüsterte zwar, weshalb Haile Selassie nicht den Minister wechsle, aber im Palast durften immer nur von oben nach unten Fragen gestellt werden, nie umgekehrt. Als dann zum ersten Mal laut und vernehmlich in die umgekehrte Richtung gefragt wurde, war dies ein Signal für den Ausbruch der Revolution.

Aber ich eile in die Zukunft voraus und muß zu jenem Moment am Morgen zurückkehren, da der Herrscher auf den Stufen des Palastes erscheint und zum Morgenspaziergang aufbricht. Er betritt den Park. In diesem Augenblick nähert sich ihm der Chef des Geheimdienstes des Palastes, Solomon Kedir, um Bericht zu erstatten. Der Kaiser wandelt durch die Allee, und einen Schritt hinter ihm geht Kedir, der redet und redet. Wer sich mit wem getroffen hat, wo das war und worüber sie gesprochen haben. Gegen wen sie sich verbünden und ob man das als Verschwörung ansehen kann. Kedir informiert den Kaiser auch über die Arbeit des militärischen Dechiffrierdienstes. Diese Abteilung, die ebenfalls Kedir untersteht, liest die verschlüsselten Gespräche, die zwischen den Divisionen geführt werden — es ist immer gut, zu wissen, ob dort nicht umstürzlerische Gedanken gedeihen. Seine Hoheit fragt nichts, kommentiert nichts, geht nur und hört. Manchmal bleibt der Kaiser vor dem Löwenkäfig stehen, um den Tieren eine Kalbskeule zuzuwerfen, die ihm ein Diener reicht. Er beobachtet die Gier der Löwen und lächelt. Dann geht er zu den angeketteten Leoparden und füttert sie mit Ochsenrippen. Hier muß er vorsichtig sein, denn er tritt nahe an die Raubkatzen heran, und diese sind unberechenbar. Schließlich nimmt er den Spaziergang wieder auf, und hinter ihm geht Kedir, der immer noch Meldung erstattet. Schließlich nickt der Herrscher, und das ist das Zeichen für Kedir, sich zu entfernen. In diesem Moment tritt zwischen den Bäumen der Minister für Industrie und Handel, Makonen Habte-Wald, hervor, der schon gewartet hat. Er nähert sich dem dahinschreitenden Kaiser und erstattet Bericht, sich immer einen Schritt hinter ihm haltend. Habte-Wald besitzt ein privates Netz von Zuträgern; er hält es einerseits aufrecht, weil er leidenschaftlich gern Intrigen spinnt, und andererseits, weil er dem Monarchen gefallen möchte. Jetzt berichtet er dem Kaiser, gestützt auf die Meldungen seines Geheimdienstes, über den Verlauf der vergangenen Nacht. Und wieder fragt der gütige Herr nichts und kommentiert nichts, schreitet nur dahin und hört mit auf dem Rücken verschränkten Armen zu. Der Kaiser nähert sich einer Flamingoherde, aber die schreckhaften Vögel fliegen sofort auf, und er lächelt beim Anblick der Geschöpfe, die ihm den Gehorsam versagen. Schließlich neigt er wieder im Gehen den Kopf, Habte-Wald verstummt und zieht sich, rückwärts gehend, in die Allee zurück.

Jetzt wächst die bucklige Gestalt des vertrauten Zuträgers Asha Walde-Mikaela wie aus der Erde. Dieser Würdenträger steht an der Spitze der politischen Polizei, die eng mit dem Geheimdienst des Palastes von Solomon Kedir zusammenarbeitet, aber einen erbitterten Konkurrenzkampf gegen die privaten Spitzeldienste führt, wie etwa jenen von Habte-Wald.

Die Aufgabe dieser Leute war schwierig und gefahrvoll. Sie lebten in ständiger Angst, daß sie etwas nicht rechtzeitig melden und in Ungnade fallen könnten, oder daß ein Widersacher ausführlicher Meldung erstattete und der Kaiser dann denken könnte: »Warum hat mir Solomon heute ein Festmahl bereitet, Makonen aber nur Reste gebracht? Hat er nichts gesagt, weil er nichts weiß, oder hat er geschwiegen, weil er selbst in die Verschwörung verstrickt ist?« Hatte denn unser Herr nicht oft genug am eigenen Leib erfahren müssen, daß die nächsten und engsten Vertrauten ihn verrieten? Daher bestrafte der Kaiser das Schweigen. Andererseits wurde das kaiserliche Ohr durch einen ungehemmten Strom von Worten ermüdet und beleidigt, daher war auch rastlose Schwatzhaftigkeit nicht am Platz. Allein schon das Aussehen dieser Menschen ließ ahnen, in welcher Furcht sie lebten. Unausgeschlafen und erschöpft, waren sie in ständiger Spannung, wie im Fieber, immer auf der Suche nach Opfern, auf Schritt und Tritt umgeben von Angst und Haß. Ihr einziger Schild war der Kaiser, aber dieser konnte sie mit einer Handbewegung vernichten. O nein, der mildherzige Herr machte ihnen das Leben nicht leicht.

Wie schon gesagt, wenn Haile Selassie während des Morgenspazierganges die Informationen über den

Stand der Verschwörungen im Kaiserreich hörte, stellte er keine Fragen und kommentierte die Meldungen nicht. Er wußte genau, warum. Er wollte die Spitzelberichte in reinem Zustand bekommen, wahre Berichte. Hätte er aber gefragt und Meinungen geäußert, dann hätte der Informant die Berichte beflissen gefärbt und den Vorstellungen des Kaisers angepaßt; damit wäre aber die Zuträgerei der Willkür und subjektiven Einschätzung unterworfen worden, und der Monarch hätte nie in Erfahrung gebracht, was im Staat und im Palast tatsächlich vor sich ging.

Kurz vor Beendigung seines Spazierganges hört der Kaiser noch, was Ashas Leute vergangene Nacht zusammengetragen haben. Er füttert die Hunde und den schwarzen Panther, dann bewundert er den Ameisenbären, den er kürzlich bekommen hat — ein Geschenk des Präsidenten von Uganda. Er nickt, und Asha verschwindet gebückt, unsicher, ob er mehr oder weniger berichtet hat als seine erbittertsten Feinde — Solomon, der Feind von Makonen und Asha, und Makonen, der Feind von Asha und Solomon.

Die letzte Runde seines Spazierganges absolviert Haile Selassie allein. Im Park wird es hell, der Nebel lichtet sich, und in der Wiese brechen sich die ersten Sonnenstrahlen im Tau. Der Kaiser denkt nach. Das ist die Stunde, in der er sich Strategie und Taktik zurechtlegt, die personellen Kreuzworträtsel löst und die nächsten Züge auf dem Schachbrett der Macht vorbereitet. Er denkt über die Meldungen nach, die ihm seine Informanten gebracht haben. Es ist kaum etwas Wichtiges darunter, meistens denunziert nur einer den anderen. Der Monarch hat alles im Kopf notiert, sein Denken funktioniert wie ein Computer, der jedes Detail speichert, selbst die geringste Kleinigkeit bleibt haften. Im Palast gab es kein Personalbüro, keine Akten und Fragebögen. Der Kaiser hatte alles im Kopf, die ganze geheime Kartothek der Machtelite. Ich sehe ihn vor mir, wie er dahinschreitet, dann stehenbleibt und das Gesicht emporhebt, wie ins Gebet versunken. O Herr, befreie mich von jenen, die vor mir auf den Knien rutschen und dabei den Dolch im Gewand verstecken, den sie mir in den Rücken bohren wollen. Aber welche Hilfe vermag der Herrgott zu geben? Alle Menschen, die den Kaiser umgeben, sind so — auf den Knien und den Dolch im Gewande. Oben auf den Gipfeln ist es nie warm. Dort wehen eisige Sturmböen, jeder steht gebückt und muß darauf achten, daß ihn sein Nachbar nicht in den Abgrund stürzt.

T. K-B.:
Lieber Freund, natürlich erinnere ich mich. Das war doch erst gestern. Gestern vor einem Jahrhundert. In dieser Stadt, aber auf einem anderen Planeten, der sich entfernt hat. Wie sich das alles vermischt — die Zeiten, die Orte; die Welt ist in **Trümmer** zerbrochen, und niemand mehr kann sie zusammenfügen. Nur die Erinnerungen sind übrig, **das** einzige, was vom Leben bleibt.

Ich war sehr lange beim Kaiser, als **Beamter** des Ministeriums der Feder. Wir begannen **den Dienst** um acht, damit alles fertig war, wenn der Monarch um neun kam. Unser Herr wohnte im Neuen Palast gegenüber der Africa Hall, aber die Amtsgeschäfte erledigte er im Alten Palast, den Kaiser Menelik auf dem benachbarten Hügel hatte errichten lassen. Unser Amt befand sich im Alten Palast wie die meisten kaiserlichen Ämter, denn Haile Selassie wollte alles unmittelbar bei der Hand haben. Er kam mit einem der siebenundzwanzig Autos, die seinen privaten Wagenpark ausmachten. Er liebte Autos, vor allem aber Rolls Royces, deren ernste und würdevolle Silhouette er schätzte, aber zur Abwechslung benützte er auch einmal einen Mercedes oder Lincoln Continental. Ich darf daran erinnern, daß unser Herr die ersten Autos nach Äthiopien gebracht hatte, überhaupt brachte er allen Verfechtern des technischen Fortschritts viel Wohlwollen entgegen, anders als unser Volk, das sie leider nicht ausstehen konnte. Als der Kaiser in den zwanziger Jahren das erste Flugzeug aus Europa einführte, hätte er darüber beinahe den Thron und sogar sein Leben verloren! Der einfache Aeroplan wurde als ein Werk des Teufels angesehen, und an den Magnatenhöfen begann man, Komplotte gegen diesen verrückten Monarchen zu schmieden, in dem man fast so etwas wie einen Kabbalisten und Zauberer sah. Seit jener Zeit mußte der ehrwürdige Herr seinen Ambitionen als Pionier Zügel anlegen, bis er schließlich fast ganz darauf verzichtete, weil in einem Greis jede Neuheit nur Abneigung weckt.

Um neun Uhr morgens also kam der Kaiser in den Alten Palast. Vor dem Tor wartete eine dichte Menge von Untertanen, die dem Kaiser eine Petition überreichen wollten. Theoretisch war dies der einfachste Weg, im Kaiserreich Gerechtigkeit und Güte zu suchen. Da unser Volk nicht schreiben kann, in der Regel aber gerade die Armen Gerechtigkeit suchen, verschuldeten sich die Menschen auf Jahre hinaus, um den Kanzleischreiber zu bezahlen, der ihre Klagen und Bitten aufsetzte. Dann war da noch ein protokollarisches Problem: Der Brauch verlangte von den armen Wichten, daß sie mit dem Gesicht am Boden vor dem Kaiser knieten — wie aber sollte man aus dieser Position ein Kuvert in eine vorüberfahrende Limousine reichen? Das Problem wurde folgenderweise gelöst: Der kaiserliche Wagen fuhr langsamer, und hinter der Scheibe wurde das gütige Antlitz des Monarchen sichtbar, dann nahmen die im nachfolgenden Wagen sitzenden Leibwächter einen Teil der Kuverts aus den vom gemeinen Volk emporgestreckten Händen; nur einen Teil, versteht sich, denn da war ein ganzer Wald von Händen. Wenn die Menge zu nahe an die fahrenden Autos herankroch, mußte die Leibgarde den aufdringlichen Pöbel zurücktreiben und stoßen, denn Sicherheit und Würde des Monarchen erforderten, daß die Fahrt zügig und ohne unerwartete Verzögerungen verlief.

Dann fuhren die Autos durch eine Allee den Hügel hinauf und kamen im Hof des Palastes zum Stehen. Hier erwartete den Kaiser neuerlich eine Menge, aber eine ganz andere als der Pöbel vor dem Tor, den die ausgewählten Gardisten der Imperial Body Guard auseinandergejagt hatten. Die Menschen, die ihn hier begrüßten, waren aus dem Gefolge des Kaisers. Wir hatten schon frühzeitig Aufstellung genommen, um nur ja nicht die Ankunft des Monarchen zu versäumen, denn dieser Augenblick war für uns von besonderer Bedeutung. Jeder wollte sich unbedingt zeigen, in der Hoffnung, vom Kaiser beachtet zu werden. Man träumte nicht etwa von einer besonderen Beachtung, daß der ehrwürdige Herr einen vielleicht bemerkt und in ein Gespräch gezogen hätte. O nein, das wäre zu viel gewesen. Man wollte nur eine kleine Beachtung, die allergeringste, unscheinbarste, die den Kaiser zu nichts verpflichtete. Eine flüchtige Beachtung, nur für den Bruchteil einer Sekunde, aber doch so, daß sie eine innere Erschütterung auslöste und ein triumphierender Gedanke das Gehirn durchzuckte: »Er hat mich bemerkt!« Wieviel Kraft einem das gab! Welche unbegrenzten Möglichkeiten das eröffnete! Denn nehmen wir an, der Blick des ehrwürdigen Herrn wäre nur über unser Gesicht geglitten — nur geglitten. Man könnte sagen, es sei nichts geschehen, aber andererseits — was heißt, nichts geschehen, wenn er doch geglitten ist. Wir spüren sofort, wie das Gesicht heiß wird, das Blut steigt zu Kopf, und das Herz beginnt kräftiger zu schlagen. Das sind die sichersten Anzeichen dafür, daß uns der Blick des gütigen Beschützers getroffen hat. Aber für den Moment haben diese Beweise keine so große Bedeutung. Wichtiger ist der Prozeß, der möglicherweise im Gehirn unseres Herrn abläuft. Es war allgemein bekannt, daß unser Herr, der weder las noch schrieb, ein phänomenal entwickeltes optisches Gedächtnis besaß. Und auf diese Gabe der Natur durfte der Besitzer jenes Gesichts, über das der Blick des Kaisers geglitten war, seine Hoffnung gründen. Denn er rechnete bereits damit, daß eine flüchtige Spur, und sei es nur ein verschwommener Schatten, im Gedächtnis des Kaisers haften geblieben ist. Jetzt galt es mit Ausdauer und Entschlossenheit in der Menge so zu manövrieren, sich so durchzuschlängeln und zu drängen, zu stoßen und zu schieben und das Gesicht immer so zu wenden, daß der Blick des Kaisers es unwillkürlich bemerkte, bemerkte und wieder bemerkte. Dann galt es abzuwarten, bis der Augenblick kam, in dem der Kaiser dachte: »Wart einmal, das Gesicht kenn' ich doch, aber nicht den Namen.« Und nehmen wir an, er fragt dann nach dem Namen. Lediglich nach dem Namen, aber das genügt. Jetzt fallen Gesicht und Namen zusammen und es entsteht eine Person, ein fertiger Kandidat für eine Ernennung. Denn das Gesicht allein ist anonym; der Name allein eine Abstraktion. Man muß konkret werden und eine Gestalt annehmen, um sich abzuzeichnen.

Ach, das bedeutete das größte Glück, doch es war nicht leicht zu erringen. Denn in diesem Hof, wo das Gefolge den Kaiser begrüßte, gab es Dutzende, ja, ich übertreibe nicht, Hunderte Gesichter, die um etwas Beachtung kämpften. Gesicht rieb an Gesicht, die höheren drückten die niederen hinunter, die dunkleren verdüsterten die helleren, Gesicht verachtete Gesicht, die älteren verdrängten die jüngeren, die schwächeren unterlagen den stärkeren, Gesicht haßte Gesicht, die gewöhnlichen stießen an adelige, gierige an schwächliche, Gesicht quetschte Gesicht. Aber selbst noch die erniedrigten und verstoßenen Gesichter, die drittklassigen und besiegten, selbst die drängten noch nach vorne — freilich aus einer gewissen Distanz, wie die Gesetze der Hierarchie sie geboten —, tauchten hier und da zwischen den Gesichtern der Noblen und Titulierten auf, und sei es, daß nur ein Stückchen zu sehen war: ein Ohr, eine Schläfe, eine Wange, ein Kiefer, alles drängte unter den Blick des Kaisers. Hätte der gütigste Herr mit einem Blick die ganze Szene erfaßt, die sich ihm beim Verlassen des Autos darbot, dann wäre ihm nicht verborgen geblieben, daß sich da nicht nur ein hundertgesichtiges Magma demütig und zugleich frenetisch auf ihn zuwälzte, sondern daß, neben dieser zentralen und hochtitulierten Gruppe, ihm rechts und links, vor ihm und hinter ihm, weiter weg und ganz weit entfernt, in Türen und Fenstern und auf allen Wegen Scharen von Lakaien, Küchenpersonal, Dienern, Gärtnern und Polizisten ihre Gesichter entgegenstrecken, damit er sie bemerke.

Und unser Herr sieht das alles. Wundert er sich? Wohl kaum. Früher einmal war er selbst ein Teil dieses hundertgesichtigen Magmas gewesen. Hatte er nicht selbst sein Gesicht vorstrecken müssen, um im Alter von nicht einmal vierundzwanzig Jahren zum Thronfolger zu avancieren? Dabei hatte er es mit einer teuflischen Konkurrenz zu tun gehabt. Eine ganze Schar von gewitzten Notabeln hatte nach der Krone gegriffen. Aber sie waren zu hastig gewesen, voll Gier waren sie einander an die Kehle gefahren, voll Ungeduld, nur den Thron vor Augen. Unser unvergleichlicher Herr hatte es verstanden zu warten. Und das ist eine wichtige Gabe. Wer nicht die Fähigkeit besitzt, zu warten und sich geduldig damit abzufinden, daß die geeignete Gelegenheit sich erst nach Jahren bieten kann, der hat nicht das Zeug zum Politiker. Unser ehrwürdiger Herr wartete zehn Jahre, bis er zum Thronfolger ernannt wurde, und weitere vierzehn Jahre, bis er schließlich den Thron bestieg. Alles in allem beinahe ein Vierteljahrhundert vorsichtiger, aber zugleich entschlossener Bemühungen um die Krone. Ich sage vorsichtiger, denn unser Herr zeichnete sich durch Verschlossenheit, Diskretion und Schweigen aus. Er kannte den Palast und wußte, daß jede Wand Ohren hat und hinter jeder Portiere Blicke lauern, die einen beobachten. Es galt daher, sich schlau und listig anzustellen. Vor allem durfte man nie seine Absichten zu früh aufdecken und keine Machtgelüste erkennen lassen, denn das hätte sofort die Konkurrenten auf den Kampfplatz gerufen und sie geeint. Sie schlagen und vernichten jeden, der sich an die Spitze setzt. O nein, man muß jahrelang tief in den Reihen ausharren, darauf achten, daß keiner sich vordrängt, und auf seine Chance warten. Im Jahre 1930 brachte dieses Spiel dem Herrn die Krone ein, die er für die nächsten vierundvierzig Jahre behalten sollte.

Als ich einem Kollegen zeigte, was ich über Haile Selassie schrieb — oder besser: über den Kaiserhof und seinen Untergang, aus der Sicht derer erzählt, die sich in den Salons, den Ämtern und Gängen des Palastes getummelt hatten —, fragte er mich, ob ich die Leute, die sich versteckt hielten, allein besucht hätte. Allein? Das wäre unmöglich gewesen! Ein Weißer, ein Fremder — kein einziger hätte mich ohne einflußreiche Empfehlung auch nur einen Fuß über die Schwelle setzen lassen. Und schon gar nicht hätte er sich mir anvertraut (es ist überhaupt schwierig, Äthiopier dazu zu bringen, sich einem anzuvertrauen, sie können schweigen wie die Chinesen). Woher hätte ich auch wissen sollen, wo ich nach ihnen hätte suchen sollen, wo sie wohnten, wer sie waren, was sie zu erzählen hätten?

Nein, ich war nicht allein, ich hatte einen Führer.

Jetzt, da er nicht mehr lebt, kann ich sagen, wie er hieß: Teferra Gebrewold. Ich war Mitte Mai 1963 nach Addis Abeba gekommen. In ein paar Tagen sollten hier die Präsidenten des unabhängigen Afrika zusammentreffen, und der Kaiser bereitete die Stadt auf die

Begegnung vor. Addis Abeba war zu jener Zeit ein riesiges, ein paar hunderttausend Einwohner zählendes Dorf, auf Hügeln gelegen, umgeben von Eukalyptuswäldern. Auf der Wiese neben der Hauptstraße, der Churchill Road, grasten Kühe und Ziegen, und die Fahrer mußten ihre Autos anhalten, wenn Hirten eine Herde verschreckter Kamele über die Fahrbahn trieben. Es regnete ununterbrochen, und in den Nebenstraßen drehten sich die Räder der Autos im Schlamm und versanken immer tiefer in der klebrigen, braunen Masse, bis schließlich Kolonnen halbversunkener, bewegungsloser Autos die Straßen versperrten.

Der Kaiser erkannte, daß die Hauptstadt Afrikas viel präsentabler aussehen müßte, und er gab Anweisung, einige neue Gebäude zu errichten und die wichtigsten Straßen in Ordnung zu bringen. Leider schleppten sich die Bauarbeiten endlos dahin, und als ich die an verschiedenen Punkten der Stadt errichteten Gerüste und die darauf arbeitenden Menschen in Augenschein nahm, kam mir eine Szene in Erinnerung, die Evelyn Waugh beschrieben hatte, der 1930 nach Addis Abeba gekommen war, um die Krönung des Kaisers zu sehen:

»Die ganze Stadt machte den Eindruck einer einzigen Baustelle. An jeder Ecke standen halbfertige Bauten; einige waren schon wieder verlassen; an anderen waren Scharen von zerlumpten Guraghis am Werk. Eines Nachmittags beobachtete ich zwanzig oder dreißig Arbeiter, die unter Aufsicht eines armenischen Bauführers Haufen von Schutt und Steinen wegräumten, die den Hof vor dem Haupteingang zum Palast versperrten. Das Zeug mußte in hölzerne Kisten gefüllt werden, die

zwischen zwei Stangen hingen, und diese wurden dann auf einen etwa fünfzig Yard entfernten Haufen geleert. Jeweils zwei Männer trugen so eine Last, die kaum mehr wog als ein normales Tragbrett mit Ziegeln. Ein Vorarbeiter mit einem langen Stock in der Hand ging zwischen den Arbeitern herum. Wenn er irgendwo anders beschäftigt war, kam die Arbeit völlig zum Erliegen. Nicht, daß die Leute sich hingesetzt, geplaudert oder sich irgendwie entspannt hätten; sie blieben wie angewurzelt am Fleck stehen, reglos wie Kühe auf der Weide, manchmal sogar mit einem kleineren Stein in der Hand. Wenn der Vorarbeiter sich ihnen wieder zuwandte, begannen sie sich neuerlich zu bewegen, ganz langsam, wie Gestalten in einem Film in Zeitlupentempo; wenn er sie schlug, drehten sie sich nicht um oder protestierten — sie beschleunigten nur kaum merklich die Bewegungen; wenn die Schläge aufhörten, fielen sie wieder in das alte Tempo zurück, bis sich der Vorarbeiter von neuem abwandte und sie vollends stillstanden.«

Jetzt herrschte auf den Hauptstraßen reger Betrieb. Gigantische Bulldozer rollten die Verkehrsstraßen entlang und machten die erste Reihe der Lehmhütten, deren Bewohner am Vortag von der Polizei aus der Stadt gejagt worden waren, dem Erdboden gleich. Dann errichteten Maurerbrigaden eine hohe Mauer, die die übrigen Lehmhütten verdecken sollte. Andere Brigaden bemalten die Mauer mit nationalen Motiven. Über der Stadt lag ein Geruch von frischem Beton und Farbe, auskühlendem Asphalt und Palmblättern, mit denen die Ehrenpforten geschmückt worden waren.

Aus Anlaß des Treffens der Präsidenten gab der Kaiser einen prachtvollen Empfang. Für das Fest wurden eigens aus Europa Weine und Kaviar eingeflogen; aus Hollywood holte man für eine Gage von 25 000 Dollar Miriam Makeba, die nach dem Festmahl die Herrscher mit Zulu-Liedern erfreuen sollte. Insgesamt wurden mehr als dreitausend Personen eingeladen, der Hierarchie entsprechend in höhere und niedere Kategorien geteilt; jede Kategorie bekam eine andersfarbige Einladungskarte und ein eigenes Menü. Der Empfang fand im alten Kaiserpalast statt. Die Gäste schritten durch ein langes Spalier der kaiserlichen Garde, die Säbel und Hellebarden trug. Von den Turmspitzen bliesen von Scheinwerfern bestrahlte Trompeter den kaiserlichen Tusch. In den Kreuzgängen brachten Schauspielergruppen historische Szenen aus dem Leben verstorbener Herrscher zur Aufführung. Von den Balkonen ließen Mädchen in nationalen Kostümen Blumen auf die Gäste niederregnen. Der Himmel explodierte im Sternregen eines Feuerwerks.

Nachdem die Gäste an den Tischen im Großen Festsaal Platz genommen hatten, ertönten Fanfaren, und der Kaiser erschien, Präsident Nasser zu seiner Rechten. Sie waren ein ungewöhnliches Paar: Nasser ein hochgewachsener, kräftiger, gebieterischer Mann, den Kopf nach vorne gestreckt und ein Lächeln auf den breiten Kinnladen, daneben die zarte, beinahe gebrechliche Gestalt Haile Selassies, von den Jahren gebeugt, ein hageres, ausdrucksvolles Gesicht, große, glänzende, forschende Augen. Hinter ihnen kamen die übrigen Staatsführer in Paaren herein. Der Saal erhob sich, und alle applaudierten. Es wurden Hochrufe auf die Einheit und den Kaiser ausgebracht. Dann erst begann das eigentliche Festmahl. Ein schwarzhäutiger Kellner bediente jeweils vier Gäste (in ihrer Aufregung ließ die Bedienung immer wieder etwas fallen). Das Tafelbesteck bestand aus altem Harar-Silber, auf den Tischen lagen da ein paar Tonnen kostbarsten, antiken Silbers. Manche Gäste ließen ein Stück in die Taschen verschwinden, einer einen Löffel, ein anderer eine Gabel.

Die Tische bogen sich unter Bergen von Fleisch und Früchten, Fischen und Käse. Von vielstöckigen Torten tropfte der süße, bunte Zuckerguß. Die erlesenen Weine warfen einen farbigen Schimmer und verströmten ein köstliches Aroma. Die Musik spielte auf, und kostümierte Possenreißer schlugen zum Gaudium der ausgelassenen Festgäste Purzelbäume. Die Zeit verflog unter Geplauder, Lachen und Essen.

Es war herrlich.

Während der Veranstaltung mußte ich einen stillen Ort aufsuchen, wußte aber nicht, wo er zu finden sei. Ich trat durch eine Nebentür aus dem Großen Festsaal in den Hof. Die Nacht war sternenlos, und es nieselte; ein Mairegen, aber kalt. Vor der Tür fiel eine sanfte Böschung ab, und in einer Entfernung von ein paar Dutzend Metern war unten eine schwach erleuchtete Baracke ohne Seitenwände zu erkennen. Von der Tür bis zur Baracke erstreckte sich eine Schlange von Kellnern, die Schüsseln mit den Überresten vom Festmahl hinunterreichten. In den Schüsseln floß ein Strom von Knochen, Überbleibseln, zermatschten Salaten, Fischköpfen und angebissenen Fleischbrocken bis zur Ba-

racke. Ich ging auf das Gebäude zu, wobei ich im Schlamm und auf zu Boden gefallenen Speiseresten ausglitt.

Als ich davorstand, wurde ich gewahr, daß die Dunkelheit dahinter lebte, daß sich dort etwas bewegte, murrte und schlürfte, seufzte und schmatzte. Ich warf einen Blick hinter die Baracke.

Im Dunkel der Nacht, in Schlamm und Regen drängte sich hier ein dichtes Heer von bloßfüßigen Bettlern. Die Abwäscher in der Baracke warfen ihnen die Reste aus den Schüsseln zu. Ich betrachtete die Menge, wie sie emsig und völlig versunken die Überbleibsel, Knochen und Fischköpfe verzehrte. Dieses Schmausen erfolgte mit einer hingebungsvollen und gewissenhaften Konzentration, es hatte etwas ungestüm Biologisches an sich — ein Hunger, der in angsterfüllter Spannung, in Ekstase gestillt wird.

Von Zeit zu Zeit wurden die Kellner aufgehalten, der Strom der Schüsseln kam zum Stillstand, und die Menge entspannte sich für einen Moment, als hätte ihr jemand befohlen, sich zu rühren. Die Leute wischten sich über die feuchten Gesichter und brachten ihre schmutzstarrenden Lumpen, in die sie gehüllt waren, in Ordnung. Dann begann der Strom der Schüsseln von neuem zu fließen — denn auch oben war ein großes Fressen, Schmatzen und Schlürfen im Gang —, und die Menge gab sich erneut voll Eifer der gesegneten Tätigkeit des Essens hin.

Ich wurde durchnäßt und kehrte daher in den Großen Festsaal zurück, zum kaiserlichen Festmahl. Ich sah das Silber und Gold, die Seide und den Purpur, Präsi-

dent Kasavubu und meinen Tischnachbarn, einen gewissen Aye Mamlaye, ich sog den Duft der Räucherstäbe und Rosen ein, lauschte dem verführerischen Zulu-Lied, das Miriam Makeba sang, verneigte mich vor dem Kaiser (wie es das Protokoll verlangte) und ging nach Hause.

Nach der Abreise der Präsidenten (und diese erfolgte in größter Eile, denn ein längerer Aufenthalt außerhalb der Grenzen des Landes konnte nur zu leicht mit dem Verlust des Sessels enden) lud der Kaiser uns — das heißt die Gruppe ausländischer Journalisten, die zur ersten Konferenz der afrikanischen Staatsoberhäupter gekommen waren — zum Frühstück ein. Die Nachricht von dieser Einladung wurde uns eben von Teferra Gebrewold, unserem Betreuer, einem großgewachsenen, stattlichen Amhara, der als Abteilungsleiter im Informationsministerium arbeitete, in die Africa Hall überbracht, wo wir Tage und Nächte mit hoffnungslosem und nervenzerrüttendem Warten auf eine Telefonverbindung in unsere Hauptstädte zubrachten. Für gewöhnlich war er schweigsam und verschlossen, aber jetzt vermochte er die Aufregung nicht zu verbergen. Es war nicht zu übersehen, daß er jedesmal, wenn er den Namen Haile Selassie aussprach, feierlich den Kopf neigte.

»Das ist ja wunderbar!« rief der griechisch-türkisch-zypriotische Malteser Ivo Svarzini, der offiziell für eine nichtexistierende Agentur namens MIB arbeitete, in Wirklichkeit aber für den Geheimdienst des italienischen Erdölkonzerns ENI. »Dann können wir uns ja bei dem Kerl darüber beschweren, was sie uns da für Telefon-

verbindungen organisiert haben.« Ich muß hinzufügen, daß die Truppe der Korrespondenten, die sich bis in die entferntesten Winkel der Erde vorwagen, aus zynischen und hartgesottenen Burschen besteht, die schon alles gesehen und erlebt und in ihrer Berufsausübung ständig mit tausenderlei Hindernissen zu kämpfen haben, von denen ein gewöhnlicher Bürger keine blasse Ahnung hat. Daher lassen sie sich auch durch nichts aus der Fassung bringen oder rühren, und wenn sie erschöpft und wütend sind, dann sind sie durchaus imstande, sich selbst bei einem Kaiser über schlechte Arbeitsbedingungen und die mangelnde Hilfe der lokalen Behörden zu beklagen. Aber sogar diese Menschen müssen von Zeit zu Zeit ihr Handeln überdenken. Und das war jetzt der Zeitpunkt dafür. Wir sahen, wie Teferra nach den Worten Svarzinis erbleichte, einknickte und mit Panik in der Stimme etwas vor sich hin stammelte; wir verstanden schließlich so viel, daß der Kaiser ihn, sollten wir tatsächlich Klage führen, enthaupten ließe. Das wiederholte er er immer wieder. Unsere Gruppe zerfiel in zwei Lager. Ich setzte mich dafür ein, die Sache auf sich beruhen zu lassen und unsere Gewissen nicht mit dem Leben dieses Mannes zu belasten. Die meisten waren derselben Meinung, und so beschlossen wir schließlich, im Gespräch mit dem Kaiser das Thema nicht zu erwähnen. Teferra verfolgte die Diskussion aufmerksam und ihr Ausgang hätte ihn fröhlich stimmen sollen, aber wie alle Amhara war auch er von Natur mißtrauisch — diese Eigenschaft kommt vor allem Fremden gegenüber zum Vorschein —, und er verließ uns niedergeschlagen und verstört. Als wir am nächsten Morgen aus den Gemächern des Kai-

sers traten, beschenkt mit silbernen Medaillen mit seinem Wappen, führte uns der Zeremonienmeister durch einen langen Gang zum Tor. An der Wand stand Teferra, wie ein Angeklagter, der ein hohes Urteil entgegennimmt, das blasse Gesicht schweißbedeckt. »Teferra!« rief Svarzini heiter, »wir haben dich sehr gelobt.« (Was stimmte) »Du wirst befördert!« Und er haute ihm auf die zitternde Schulter.

Solange er lebte, besuchte ich ihn später jedesmal, wenn ich nach Addis Abeba kam. Nach dem Sturz des Kaisers war er noch einige Zeit tätig, denn er war — zu seinem Glück — in den letzten Monaten der Herrschaft von Haile Selassie aus dem Palast gejagt worden. Aber er kannte alle Menschen aus dem Gefolge des Kaisers, und mit manchen war er verwandt. Wie alle Amhara, die überaus ritterlich sind, verstand er es, seine Dankbarkeit zu zeigen, und er war auf jede erdenkliche Weise bemüht, sich dafür zu revanchieren, daß wir ihm damals das Leben gerettet hatten. Kurz nach dem Sturz des Kaisers traf ich mich mit Teferra in meinem Zimmer im Hotel »Ras«. Die Stadt lag im euphorischen Fieber der ersten Monate der Revolution. Durch die Straßen zogen lärmende Demonstrationen; die einen unterstützten die Militärregierung, andere verlangten deren Absetzung, es gab Demonstrationen, die eine Landreform forderten, und andere, die die alte Führungsclique vor Gericht stellen wollten, wieder andere riefen dazu auf, das Vermögen des Kaisers unter die Armen zu verteilen. Vom frühen Morgen an strömte eine dichte Menge durch die Straßen, es kam zu Zusammenstößen und Kämpfen, Steine flogen. Damals, in meinem

Zimmer, sagte ich Teferra, daß ich die Menschen aus dem Gefolge des Kaisers suchen wollte. Er war erstaunt, aber bereit, mir bei der Suche zu helfen. Unsere verdächtigen Ausflüge begannen. Wir waren zwei Sammler, die zur Vernichtung bestimmte Bilder retten wollten, um damit eine Ausstellung über die frühere Kunst des Regierens zu machen.

Ungefähr zur selben Zeit brach der Irrsinn der Fetascha aus, der später ein auf der Welt bislang nie erlebtes Ausmaß annehmen sollte; und die Opfer waren wir — alle, unabhängig von Hautfarbe, Alter, Geschlecht oder Stand. Fetascha ist das amharische Wort für Durchsuchung. Plötzlich begannen alle sich gegenseitig zu durchsuchen. Vom frühen Morgen bis spät in die Nacht, ja, vierundzwanzig Stunden, überall, ohne Atem zu schöpfen. Die Revolution zerfiel in verschiedene Lager, und es kam zu Kämpfen. Es gab keine Barrikaden, Gräben oder andere sichtbare Trennlinien, und daher konnte jeder, dem man begegnete, ein Feind sein. Die Atmosphäre der allgemeinen Bedrohung wurde noch verschärft durch das krankhafte Mißtrauen der Amhara. Man kann niemandem trauen, nicht einmal einem anderen Amhara; man kann auf niemanden zählen, denn die Absichten der Menschen sind schlecht und verräterisch, und alle Menschen Verschwörer. Die Philosophie der Amhara ist pessimistisch und traurig, und traurig sind daher auch ihre Augen, aber gleichzeitig wachsam und forschend, ihre Gesichter ernst, die Züge straff, und sie lächeln nur selten.

Alle haben sie Waffen; sie lieben Waffen. Die Reichen hatten in ihren Höfen ganze Waffenlager zusam-

mengetragen und unterhielten private Armeen. Auch die Offiziere horteten in ihren Wohnungen regelrechte Arsenale: Maschinengewehre, Kollektionen von Pistolen, Kisten mit Handgranaten. Noch vor wenigen Jahren konnte man einen Revolver wie jede beliebige Ware im Geschäft kaufen — man brauchte nur zu bezahlen, niemand stellte Fragen. Die Waffen des Plebs sind schlechter und oft veraltet, diverse Feuersteinflinten, Hinterlader, Jagdbüchsen, ein ganzes Museum — auf dem Rücken zu tragen. Die meisten dieser antiken Stücke sind nicht zu verwenden, da es dafür keine Munition mehr gibt. Ein Schuß Munition ist daher auf der Waffenbörse oft teurer als ein ganzer Karabiner. Patronen sind die beste Währung auf diesem Markt, gesuchter sogar als Dollars. Was ist schon ein Dollar? — ein Fetzen Papier; eine Kugel aber kann einem das Leben retten. Patronen erhöhen die Bedeutung unserer Waffen, und diese steigern wieder unsere Bedeutung.

Welchen Wert hat schon das Leben eines Menschen? Ein anderer Mensch existiert nur insofern, als er uns im Weg steht. Das Leben bedeutet nicht viel, aber es ist jedenfalls besser, es dem Feind zu nehmen, als darauf zu warten, daß er zum Schlag ausholt. Nacht für Nacht sind Schüsse zu hören (und auch tagsüber), später liegen die Toten auf den Straßen. »Negus«, sage ich zu unserem Fahrer, »sie schießen zuviel. Das ist nicht gut.« Aber er schweigt und sagt nichts, ich weiß nicht, was er denkt. Sie haben sich daran gewöhnt, aus dem nichtigsten Grund die Pistole zu ziehen und zu schießen.

Zu töten.

Vielleicht ginge es auch anders, vielleicht wäre das alles nicht nötig. Aber so denken sie nicht, ihr Denken ist nicht auf das Leben, sondern auf den Tod ausgerichtet. Zuerst unterhalten sie sich ganz normal, dann kommt es zum Streit und schließlich fallen Schüsse. Wieso gibt es so viel Verbissenheit, Aggression, Haß? Und alles ohne Reflexion, ohne einen Moment Nachdenkens, ohne Bremse, kopfüber in den Abgrund.

Um die Situation in den Griff zu bekommen und die Opposition zu entwaffnen, ordneten die Behörden eine allgemeine Fetascha an. Wir werden pausenlos durchsucht. Auf der Straße, im Auto, vor dem Haus (und im Haus), vor dem Geschäft, vor dem Postamt, vor dem Eingang zum Büro, zur Redaktion, zur Kirche, zum Kino. Vor der Bank, vor dem Restaurant, am Marktplatz, im Park. Jeder kann uns durchsuchen, denn niemand weiß, wer dazu das Recht hat und wer nicht; es ist besser, man stellt keine Fragen, das würde alles nur schlimmer machen, am besten, man gibt nach. Ständig durchsucht uns jemand: Irgendwelche zerlumpte Kerle, Stöcke in Händen, stellen sich uns wortlos in den Weg und breiten die Arme aus, das bedeutet, daß auch wir die Arme ausbreiten sollen — und uns zur Durchsuchung bereitmachen; nun holen sie alles aus unseren Aktenmappen und Taschen, inspizieren es, wundern sich, runzeln die Stirn, wackeln mit dem Kopf, beraten sich untereinander, dann tasten sie über unseren Rücken, den Bauch, die Beine, die Schuhe, und dann? Dann ist nichts — wir dürfen weitergehen, bis zum nächsten Ausbreiten der Arme, zur nächsten Fetascha. Nur, daß die nächste vielleicht schon ein paar Schritte weiter ist, und dann fängt alles von vorne an, denn die Fetaschas ergeben, summiert, nicht etwa eine generelle Ein-für-allemal-Entlastung, Freisprechung, Absolution, nein, wir müssen uns jedes Mal von neuem, alle paar Meter, alle paar Minuten, wieder und immer wieder entlasten, rechtfertigen, Absolution erhalten. Am lästigsten sind die Fetaschas unterwegs, wenn man mit dem Autobus fährt. Man wird Dutzende Male angehalten, alle müssen aussteigen, und dann wird das Gepäck geöffnet, aufgeschlitzt, durchwühlt, umgestülpt und durcheinandergeworfen. Wir werden abgesucht, abgetastet, abgedrückt und gequetscht. Dann wird das Gepäck, das wie ein Germteig aufgegangen ist, wieder in den Autobus gestopft, um bei der nächsten Fetascha von neuem herausgerissen zu werden; Kleidungsstücke, Körbe, Tomaten und Töpfe werden auf die Straße gestreut, herumgetreten, gestoßen, bis es ausschaut wie auf einem spontan errichteten Straßenbasar. Die Fetaschas vergällen einem die Reise dermaßen, daß man am liebsten auf halber Strecke aussteigen und umkehren würde; aber was sollte man dann machen, allein auf offener Straße, mitten in den Bergen, eine leichte Beute für Banditen? Manchmal erfassen die Fetaschas ganze Stadtviertel, und dann ist das eine ernste Angelegenheit. Solche Fetaschas werden vom Militär durchgeführt, das nach Waffenlagern, Geheimdruckereien und Anarchisten sucht. Im Verlauf dieser Operationen fallen Schüsse, und später sieht man Tote. Wenn jemand unvorsichtigerweise — und völlig unschuldig — in so eine Aktion gerät, kann er sich auf etwas gefaßt machen. Man geht ganz langsam, mit erhobenen Händen, von einem Gewehrlauf zum anderen und wartet auf das Urteil. Aber am häufigsten sind die Amateurfetaschas, an die man sich bald gewöhnt. Viele machen auf eigene Faust eine Fetascha, einsame Fetaschisten, außerhalb des Plans der organisierten Fetascha. Wir gehen die Straße entlang, und plötzlich hält uns ein Unbekannter an und breitet die Arme aus. Es hilft nichts, auch wir müssen die Arme ausbreiten, das heißt, uns zur Durchsuchung bereitmachen. Dann tastet und greift und fingert er uns ab, und schließlich nickt er, wir sind entlassen. Offenbar hat er uns einen Moment für einen Feind gehalten, und jetzt ist er den Verdacht los, und wir haben Ruhe. Wir können unseren Weg fortsetzen und den banalen Vorfall vergessen. In meinem Hotel gab es einen Wächter, der großen Spaß daran fand, mich zu durchsuchen. Wenn ich es eilig hatte, rannte ich durch die Eingangshalle und die Treppe hinauf bis zu meinem Zimmer, er auf meinen Fersen, und ehe es mir noch gelang, den Schlüssel herumzudrehen, drängte er schon durch die Tür und machte eine Fetascha. Ich hatte Fetaschaträume. Ein Ameisenheer von dunklen, schmutzigen, gierigen, tastenden, tanzenden, suchenden Händen bedeckte meinen Körper und drückte, kratzte, kitzelte und würgte mich, bis ich schweißgebadet erwachte und bis zum Morgen nicht mehr einschlafen konnte. Aber trotz aller Widrigkeiten ging ich weiter in die Häuser, die Teferra mir öffnete, und hörte die Geschichten über den Kaiser, die bereits aus einer anderen Welt zu kommen schienen.

A. M-M.: Als Lakai der dritten Tür war ich der wichtigste Türsteher im Audienzsaal. Der Saal hatte drei Doppeltüren und es gab also drei Türsteher, aber ich hatte die wichtigste Stellung, denn durch meine Tür kam der Kaiser. Wenn der hochgelobte Herr den Saal verließ, öffnete ich die Tür. Die Kunst bestand darin, die Tür im passenden Moment zu öffnen, genau zum richtigen Zeitpunkt. Würde ich die Tür zu früh öffnen, könnte der sträfliche Eindruck entstehen, ich wollte den Kaiser aus dem Saal weisen. Würde ich sie aber etwas zu spät öffnen, könnte der ehrwürdige Herr genötigt werden, seine Schritte zu verlangsamen oder gar anzuhalten — das aber hätte seine herrschaftliche Würde geschmälert, die verlangte, daß die Bewegungen der Allerhöchsten Person durch kein Hindernis gehemmt wurden.

G. S-D.:
In der Zeit von neun bis zehn Uhr morgens war unser Herr damit beschäftigt, im Audienzsaal Ernennungen auszusprechen; diese Stunde hieß daher die Stunde der Ernennung. Der Kaiser trat in den Saal, in dem eine Reihe von Würdenträgern, die eine Ernennung

erhalten sollten, warteten und sich untertänigst verneigten. Unser Herr nahm auf dem Thron Platz, und in dem Augenblick, da er die Sitzfläche berührte, schob ich ihm ein Polster unter die Füße. Das mußte blitzschnell geschehen, damit die Beine des ehrwürdigen Herrn nie in der Luft hingen. Wie wir alle wissen, war unser Herr von kleiner Gestalt, gleichzeitig aber verlangte seine Stellung, daß er seine Untertanen auch physisch überragte. Daher hatten die Kaiserthrone alle hohe Beine und Sitze, vor allem jene, die ein Erbe von Kaiser Menelik darstellten, der ungewöhnlich groß gewesen war. Es gab also eine Unvereinbarkeit zwischen der notwendigen Höhe des Thronsessels und der Figur des ehrwürdigen Herrn, eine Unvereinbarkeit, die im Bereich der Beine besonders heikel und delikat war. Es wäre nämlich undenkbar gewesen, daß die nötige Würde von einer Person bewahrt werden könnte, deren Beine wie bei einem Kind in der Luft baumeln. Dieses subtile und ungemein wichtige Problem wurde mit Hilfe eines Polsters gelöst.

Ich war sechsundzwanzig Jahre lang der kaiserliche Polsterträger. Ich begleitete den ehrwürdigen Herrn auf alle Reisen durch die Welt, und ich darf mit einigem Stolz sagen, daß er sich ohne mich gar nicht hätte fortbewegen können, denn seine Würde verlangte, daß er ständig auf einem Thron saß, ohne Polster aber konnte er nicht auf dem Thron sitzen, und der Polsterträger war ich. Ich beherrschte das besondere Protokoll dieses Bereiches und hatte mir ein unerhört nutzbringendes Wissen auf dem Gebiet der verschiedenen Thronhöhen angeeignet, das es mir möglich machte, rasch und präzis das geeignete Polster von passendem Format auszuwählen, so daß es nie zu einer verhängnisvollen Differenz, einem Spalt zwischen Polster und Schuhen des Kaisers kommen konnte. In meinem Magazin lagerten zweiundfünfzig Polster verschiedenen Umfangs, Materials und Farbtons. Und ich wachte selbst über die Bedingungen, unter denen sie aufbewahrt wurden, damit nicht etwa Flöhe hineinkämen — ein Versäumnis, das einen traurigen Skandal heraufbeschworen hätte.

T. L.:
Mein lieber Bruder, die Stunde der Ernennung ließ den ganzen Palast erzittern! Für die einen war es ein Zittern der Freude und der tiefempfundenen Wonne, für andere ein Zittern der Furcht und des Wissens um die nahende Katastrophe, denn in dieser Stunde verteilte der ehrwürdige Herr nicht nur Belohnungen und Ernennungen, sondern er strafte und degradierte auch. Ich habe das nicht richtig ausgedrückt! In Wirklichkeit gab es keine Trennung in Jubelnde und Furchtsame; das Herz eines jeden, der in den Audienzsaal gerufen wurde, war gleichzeitig von Freude und Angst erfüllt, weil er nie wissen konnte, was ihn tatsächlich erwartete. Darin bestand ja die unermeßliche Weisheit unseres Herrn, daß niemand seinen Tag und seine Bestimmung kannte. Diese Unsicherheit und Ungewißheit der Absichten des Monarchen führten dazu, daß der Palast unablässig in Intrigen und Spekulationen verstrickt war. Der Palast zerfiel in

Fraktionen und Kamarillen, die einander unbarmherzig bekriegten, schwächten und vernichteten. Und das war ja die Absicht des erleuchteten Herrn! Es ging ihm um dieses Gleichgewicht, das seine Ruhe sicherstellte. Wenn irgendeine Clique die Oberhand gewann, begünstigte der Herr sofort die gegnerische und stellte somit von neuem das Gleichgewicht her, das die Usurpatoren lähmte. Unser Herr drückte die Tasten — einmal die weißen, dann wieder die schwarzen — und entlockte so dem Fortepiano eine harmonische Melodie, die seinem Ohr süß klang. Und alle ließen das mit sich geschehen, denn ihre Existenz erhielt nur durch die Billigung des Kaisers ihren Sinn; hätte er ihnen diese entzogen, wären sie noch am selben Tag spurlos aus dem Palast verschwunden. Ja, aus sich selbst heraus waren sie nichts. Für die Menschen waren sie nur so lange sichtbar, als der Glanz der kaiserlichen Krone auf ihnen lag.

Haile Selassie war der konstitutionelle Auserwählte Gottes, und in dieser Eigenschaft konnte er sich mit keiner der Fraktionen verbünden, obwohl er sich einmal dieser, dann wieder jener mehr bediente; wenn eine Fraktion in ihrem Übereifer über das Ziel hinausschoß, wurde sie vom Kaiser zurechtgewiesen und manchmal sogar formell verurteilt. Das galt vor allem für die extremen Fraktionen, deren sich unser Herr bediente, um die Ordnung aufrechtzuhalten. Die Sprache des Kaisers war nämlich sanft, voll Güte und Trost für das Volk, das aus dem Mund des Monarchen nie ein zorniges Wort zu hören bekam. Aber mit Güte allein läßt sich ein Imperium nicht regieren, einer muß ja die Opposition in Schach halten und die übergeordneten Interessen des Kaisers, des Palastes und des Reiches im Auge haben. Das war die Aufgabe der extremen Fraktionen. Aber diese begriffen nicht immer die Feinheit der Absichten des Kaisers und machten Fehler — vor allem den der Übertreibung. Sie wollten um jeden Preis die Anerkennung des Herrn erringen und waren bestrebt, eine absolute Ordnung zu errichten — dem ehrwürdigen Herrn ging es aber nur um eine prinzipielle Ordnung, das heißt schon Ordnung, aber eben mit einem kleinen Rest Unordnung, an dem sich die Milde und Nachsicht des Monarchen beweisen konnte. Wenn die extreme Fraktion dann etwas gegen diesen Rest unternahm, traf sie der strafende Blick der Macht.

Es gab im Prinzip drei Fraktionen im Palast — die Aristokraten, die Bürokraten und die sogenannten »persönlichen Leute«. Die Fraktion der Aristokraten, extrem konservativ und aus Großgrundbesitzern bestehend, gruppierte sich vor allem um den Kronrat — ihr Führer war Prinz Kassa, der inzwischen erschossen wurde. Die Bürokraten, die am ehesten für Veränderungen zu gewinnen und aufgeklärt waren, weil manche Hochschulbildung besaßen, füllten die Ministerien und kaiserlichen Ämter. Die Fraktion der »persönlichen Leute« schließlich war eine Besonderheit unseres Regimes, und sie war vom Kaiser selbst ins Leben gerufen worden. Der ehrwürdige Herr war ein Anhänger des starken Staates und der zentralistischen Macht und mußte einen listenreichen und geschickten Kampf gegen die Clique der Aristokraten führen, die ungehindert in den Provinzen herrschen wollte und am liebsten einen schwächlichen und gefügigen Kaiser auf dem Thron gesehen hätte. Aber er konnte die Aristokraten nicht mit ihren eigenen Armen bekämpfen, und daher füllte er die Reihen seines Gefolges ständig mit Menschen aus dem einfachen Volk auf, die er selbst auswählte und ernannte, einfachen und aufgeweckten Menschen, aber von niedriger Geburt, direkt aus dem Plebs gegriffen, oft einfach so auf gut Glück aus der Menge, die sich immer versammelte, wenn der Kaiser unters Volk ging. Die »persönlichen Leute« des Kaisers, die direkt aus der trostlosen und erbärmlichen Provinz in die Salons der höchsten Hofämter bugsiert worden waren und hier naturgemäß dem Haß und der Feindseligkeit der gebürtigen Aristokraten begegneten, gewannen bald Geschmack an den Freuden des Palastlebens und am Charme der Macht, und sie dienten dem Kaiser mit geradezu unbeschreiblichem Eifer und Hingabe, weil sie sehr gut wußten, daß sie einzig und allein durch den Willen des ehrwürdigen Herrn in diese Positionen gelangt waren und oft die höchsten Staatsämter ausübten. Ihnen vertraute der Kaiser die Posten an, die das größte Vertrauen verlangten: das Ministerium der Feder, die kaiserliche politische Polizei und die Verwaltungsämter des Palastes. Sie deckten alle Intrigen und Verschwörungen auf und kämpften erbittert gegen die anmaßende und böswillige Opposition.

Geben Sie acht, Herr Journalist! Der Kaiser entschied nicht nur persönlich über alle Ernennungen, nein, früher hatte er sie auch jedem einzelnen persönlich mitgeteilt. Er, und nur er! Er besetzte die obersten Ränge der Hierarchie, aber auch die mittleren und die unteren, er ernannte Postmeister, Schuldirektoren, Polizeipostenleiter, selbst die einfachsten Beamten, Ökonomen, Direktoren von Brauereien, Spitälern, Hotels, wie gesagt — alle er, und nur er. Sie wurden zur Stunde der Ernennung in den Audienzsaal bestellt, und hier warteten sie in einer endlosen Reihe — es war eine unüberschaubare Menge! — auf die Ankuft des Kaisers. Dann trat jeder, der Reihe nach, vor den Thron, tief aufgewühlt und in Demut gebeugt, und hörte aus dem Mund des Kaisers seine Ernennung. Er küßte die Hand des Wohltäters und entfernte sich, unter Bücklingen nach rückwärts schreitend. Selbst noch die geringste Ernennung war ein Werk des Kaisers, denn der Ursprung aller Macht war nicht der Staat oder irgendeine andere Institution, sondern allein der erlauchte Herr, er persönlich. Was für ein außerordentlich wichtiges Gesetz das war! Denn aus diesem Moment in Gegenwart des Monarchen erwuchs eine besondere menschliche Bindung, die zwar den Gesetzen der Hierarchie unterworfen war, aber immerhin eine Bindung, und daraus ergab sich das einzige Prinzip, von dem sich unser Herr leiten ließ, wenn er die Menschen emporhob oder hinabstürzte — das Prinzip der Loyalität.

Mein Freund, mit den Spitzelberichten über den Minister der Feder, Walde Giyorgis, den engsten Vertrauten des Kaisers, die im Verlauf der Jahre an das Ohr des Monarchen gelangten, ließe sich eine ganze

Bibliothek füllen. Er war die niederträchtigste, abstoßendste und korrupteste Gestalt, die das Parkett unseres Palastes je getragen hatte. Allein die Tatsache, daß man gegen ihn Meldung erstattete, konnte bereits die übelsten Konsequenzen nach sich ziehen. Wie schlecht mußte es daher um die Dinge bestellt sein, wenn die Menschen trotzdem berichteten. Aber das Ohr des Herrn blieb immer verschlossen. Walde Giyorgis konnte tun und lassen, was ihm beliebte, und seine Zügellosigkeit kannte keine Grenzen. Und doch, verblendet von seiner eigenen Arroganz und Straflosigkeit, nahm er einmal am Treffen einer konspirativen Clique teil, wovon der Geheimdienst des Palastes den ehrwürdigen Herrn umgehend informierte. Unser Herr wartete, bis Walde Giyorgis ihm selbst von diesem Fehltritt berichten würde, aber dieser erwähnte die Angelegenheit mit keinem Wort, das heißt, er brach das Gesetz der Loyalität. Am nächsten Tag begann der Herr die Stunde der Ernennung mit seinem eigenen Minister der Feder, einem Mann, der beinahe die Macht mit dem ehrwürdigen Herrn geteilt hatte: von der Position des zweiten Mannes im Staate stürzte Walde Giyorgis auf den Posten eines subalternen Beamten in einer entlegenen südlichen Provinz. Nachdem er die Entscheidung vernommen hatte — und wir können uns denken, welche Bestürzung und welches Entsetzen er in diesem Moment empfinden mußte —, küßte er dem Ritus gemäß die Hand des Wohltäters und verschwand, unter Bücklingen nach hinten schreitend, für immer aus dem Palast.

Oder nehmen wir eine Gestalt wie Prinz Imru. Er war vielleicht die hervorragendste Persönlichkeit innerhalb der Machtelite, ein Mann, der die höchsten Ehrungen und Positionen verdiente. Aber was hatte das schon zu bedeuten, da unser gütigster Herr sich doch, wie schon gesagt, bei den Ernennungen nie vom Prinzip der Begabung, sondern immer und ausschließlich vom Prinzip der Loyalität leiten ließ. Niemand weiß, wie und weshalb, aber plötzlich begann Prinz Imru nach Reform zu riechen, und ohne den Kaiser zu fragen, verteilte er einen Teil seines Landes unter die Bauern. Er hatte also etwas vor dem Kaiser verborgen gehalten, auf eigene Faust gehandelt und somit auf empörende und geradezu provozierende Weise das Gesetz der Loyalität verletzt. Unser gütiger Herr, der den Prinzen für ein hohes und ehrenvolles Amt vorgesehen hatte, war gezwungen, ihn für 20 Jahre des Landes zu verweisen.

Hier möchte ich betonen, daß unser Herr keineswegs ein Gegner von Reformen war, im Gegenteil — er hatte großes Verständnis für Fortschritt und Verbesserungen, aber er konnte es nicht ertragen, daß jemand sich selbständig an Reformen machte, denn erstens beschwor das die Gefahr von Anarchie und Willkür herauf, und zweitens hätte so der Eindruck entstehen können, es gebe im Kaiserreich noch andere Wohltäter neben dem ehrwürdigen Herrn. Wenn daher ein geschickter und weiser Minister in seinem Ressort auch nur die geringste Reform durchführen wollte, mußte er die Angelegenheit so steuern und dem Kaiser darstellen, sie so beleuchten und formulieren, daß schließlich alle zu der über jeden Zweifel erhabenen Überzeugung gelangten, Seine Kaiserliche Hoheit habe selbst die Reform angeregt und durchgesetzt, obwohl unser Herr in Wahrheit gar nicht recht wußte, worum es bei der ganzen Sache eigentlich ging. Aber nicht alle Minister waren so vorausblickend! Es gab junge Leute, die mit den Sitten des Palastes nicht so vertraut waren und versuchten, getrieben von Ambitionen und auch dem Wunsch, die Anerkennung der Menschen zu erringen — als wäre nicht die Anerkennung des Kaisers das einzige Gut, nach dem es wert ist, zu streben — diese oder jene Kleinigkeit eigenmächtig zu verbessern. Als hätten sie nicht gewußt, daß sie damit das Gesetz der Loyalität brachen und nicht nur sich selbst begruben, sondern auch die Reform — denn ohne die Zustimmung des Kaisers hatte keine Reform eine Chance, das Tageslicht zu erblicken.

Ich sage es ganz offen, unser gütiger Herr hatte lieber schlechte Minister. Und er zog sie deshalb vor, weil er sich vorteilhaft abheben wollte. Wie aber hätte er sich von guten Ministern vorteilhaft abheben können? Das Volk hätte die Orientierung verloren und nicht mehr gewußt, bei wem es Hilfe suchen, auf wessen Weisheit und Güte es bauen sollte. Alle wären gleich gut und weise gewesen. Was für ein Durcheinander das ergeben hätte! Statt einer Sonne hätten fünfzig geleuchtet, und jeder hätte einem selbstgewählten Planeten seine Huldigung dargebracht. O nein, mein Freund, man darf die Menschen nie einer so verhängnisvollen Freiheit ausliefern. Es darf nur eine Sonne geben, so will es das Gesetz der Natur, und alle anderen Theorien sind verantwortungslose und gotteslästerliche Häresien. Aber du kannst sicher sein, daß unser Herr sich abhob — und wie imponierend und gütig er sich abhob, daher gab es im Volk auch nie einen Zweifel, wer die Sonne ist und wer der Schatten.

Z. T.:
Im Augenblick der Nominierung sah unser Herr den gebeugten Kopf desjenigen vor sich, den er zu hohen Würden berief. Aber selbst der weitreichende Blick unseres Herrn konnte nicht erkennen, was dann mit diesem Kopf geschehen würde. Der Kopf, der sich im Audienzsaal locker auf dem Hals bewegt hatte, veränderte schon beim Passieren der Tür seine Haltung, er hielt sich hoch und steif und nahm eine kraftvolle und entschlossene Gestalt an. Ja, mein lieber Herr, die Macht der kaiserlichen Ernennung war schon erstaunlich! Denn ein ganz gewöhnlicher Kopf, der sich vorher natürlich und frei bewegt hatte, jederzeit bereit, sich zu drehen und zu wenden, zu nicken und zu neigen, unterlag jetzt, gesalbt mit der kaiserlichen Ernennung, einer verblüffenden Beschränkung: von nun an bewegte er sich nur mehr in zwei Richtungen — zum Boden hinunter, in Anwesenheit des ehrwürdigen Herrn, und nach oben, in Anwesenheit der übrigen Menschen. Einmal auf dieses vertikale Geleise gesetzt, war der Kopf nicht mehr beliebig beweglich, und wenn jemand von hinten herantreten und plötzlich rufen würde: »Hallo, mein

Herr!« — könnte dieser sich nicht einfach nach dem Rufer umdrehen, sondern müßte die würdige Haltung bewahren und den Kopf mitsamt dem Körper in Richtung der Stimme wenden.

Bei meiner Arbeit als Beamter des Protokolls im Audienzsaal fiel mir überhaupt auf, daß die Ernennung eine grundlegende physische Veränderung in den Menschen hervorrief. Das faszinierte mich, und ich begann, diesen Vorgang genau zu studieren. Vor allem die Figur des Menschen verändert sich. Vorher schlank und biegsam, nehmen die Umrisse jetzt immer deutlicher eine quadratische Gestalt an. Ein massives, solides Quadrat — Symbol der Würde und des Gewichtes der Macht. Schon die Silhouette läßt erkennen, daß wir nicht irgend jemanden vor uns haben, sondern einen Ausbund von Würde und Verantwortung. Dieser Veränderung der Figur entspricht eine allgemeine Verlangsamung der Bewegungen. Ein Mann, der von unserem ehrwürdigen Herrn ausgezeichnet wurde, wird nicht springen, laufen, hüpfen oder herumtollen. O nein, sein Schritt ist gemessen, er setzt den Fuß fest auf den Boden, eine leichte Neigung des Körpers nach vorn signalisiert Bereitschaft, eventuell auftauchenden Hindernissen die Stirn zu bieten. Die Bewegung der Hände ist bedächtig, frei von jeder unkontrollierten und nervösen Gestik. Auch die Gesichtszüge sind strenger und irgendwie gefroren, ernst und verschlossen, aber immer noch fähig, plötzlich Zustimmung und Optimismus anzuzeigen; aber insgesamt wird das Gesicht so, daß wir keinen psychologischen Kontakt mehr mit ihm herstellen können. Man kann sich in seiner Gegenwart nicht mehr entspannen oder aufatmen. Auch der Blick verändert sich. Länge und Auffallwinkel werden anders. Der Blick verlängert sich auf einen Punkt hin, der außerhalb unseres Gesichtsfeldes liegt. Wenn wir daher mit einem Ernannten sprechen, können wir von ihm auf Grund der allgemein bekannten Gesetze der Optik gar nicht gesehen werden, weil sich sein Blickpunkt weit hinter uns befindet. Er kann uns nicht sehen, weil der Einfallswinkel seines Blickes sehr stumpf ist — nach dem sonderbaren Gesetz des Periskops schaut selbst noch der kleinste Ernannte weit über unseren Kopf hinweg in eine unerreichbare Ferne oder auf einen bemerkenswerten Gedanken. Wir haben jedenfalls das Gefühl, daß seine Gedanken vielleicht nicht unbedingt profunder sind als unsere, aber jedenfalls wichtiger und verantwortungsvoller; es erscheint uns daher sinnlos und kleinlich, ihm unsere eigenen Gedanken mitteilen zu wollen, und wir versinken in Schweigen. Aber auch der Günstling des Kaisers verspürt keine Lust zu reden, denn mit der Ernennung verändert sich auch die Art zu sprechen. Volle und klare Sätze machen einem einsilbigen Brummen, Knurren, Räuspern, bedeutungsvollen Pausen, verschwommenen Worten und überhaupt einem Gehabe Platz, das anzeigt, er habe das alles schon längst und viel besser gewußt. Wir fühlen uns daher überflüssig und gehen. Sein Kopf bewegt sich auf seinem vertikalen Geleis von oben nach unten in einer Geste des Abschieds.

Es kam aber vor, daß der gütige Herr nicht nur beförderte, sondern jemanden — wenn er illoyales Verhalten feststellte — leider auch degradierte oder ihn gar — mein Freund, verzeih mir den harten Ausdruck — mit Schwung auf die Straße warf. Dann konnte man ein interessantes Phänomen beobachten: In dem Moment, da jemand die Straße berührte, verschwanden alle Anzeichen der Ernennung, die physischen Veränderungen wurden rückgängig gemacht, und der Gefeuerte war wieder wie früher. Er legte sogar eine nervöse und etwas übertrieben scheinende Neigung, sich zu verbrüdern, an den Tag, als wollte er die ganze Angelegenheit vergessen machen, sie mit einer Handbewegung vom Tisch wischen und sagen: »Ach, vergessen wir's«, als handelte es sich um eine Krankheit, die nicht der Rede wert ist.

M.:
Du fragst mich, mein Freund, weshalb in den letzten Monaten der kaiserlichen Regierung so ein Aklilu, der keine offiziellen Funktionen erfüllte und aus dem niedrigsten Volk stammte, mehr Macht hatte als Prinz Makonen, der die Regierung leitete und von höchster Geburt war? Weil sich das Ausmaß der Macht im Palast nicht nach der Hierarchie der Positionen richtete, sondern nach der Häufigkeit der Audienzen beim Kaiser. So wurde das innerhalb des Palastes gehandhabt. Es hieß, daß der wichtiger sei, dem der Kaiser öfter sein Ohr lieh. Öfter und für längere Zeit. Um dieses Ohr fochten die einzelnen

Cliquen die erbittertsten Kämpfe aus, dieses Ohr war der wichtigste Einsatz im Spiel. Es genügte — aber das war keineswegs einfach —, zum allmächtigsten Ohr vorzudringen und etwas hineinzuflüstern. Nur hineinzuflüstern, mehr nicht. Möge es nur hineinsikkern, dort bleiben wie eine flüchtige Empfindung, ein winziges Samenkorn. Aber es wird die Zeit kommen, da der Samen Früchte trägt, und dann können wir ernten. Es waren das subtile Manöver, die sehr viel Takt verlangten, denn unser Herr blieb doch trotz seiner unerschöpflichen Energie und bewunderungswürdigen Ausdauer ein menschliches Wesen mit einem Ohr mit natürlich begrenztem Fassungsvermögen, das man nicht vollstopfen und überladen durfte, wollte man nicht den Unmut des Herrn und eine verärgerte Reaktion heraufbeschwören. Daher war die Anzahl der Audienzen begrenzt, und der Kampf um einen Anteil am kaiserlichen Hörorgan riß nie ab. Der aktuelle Verlauf dieser Kämpfe war eines der beliebtesten Themen der Gerüchteküche des Palastes und wurde auch in der Stadt begierig kommentiert. So wurde etwa Abeje Debalk, ein subalterner Beamter im Informationsministerium, auf vier Audienzen pro Woche veranschlagt, während sein Chef nur mit zwei rechnen durfte. Der Kaiser hatte seine Günstlinge oft auf ganz untergeordnete Posten gesetzt, aber durch die Häufigkeit der Audienzen, von der die vorgesetzten Minister und selbst die Mitglieder des Kronrates nicht einmal zu träumen gewagt hätten, wurde ihre Macht aufgewertet. Es kam zu überraschenden Kämpfen. Der verdiente General

Abiye Abebe erfreute sich dreier Audienzen pro Woche, sein Gegner aber, General Kebede Gebre (inzwischen sind beide erschossen worden), wurde nur einmal vorgelassen. Aber die Kamarilla von Gebre verstand es, die Sache so zu lenken und die prominente, wenn auch schon etwas altersschwache Clique von Abebe zu unterminieren, daß dieser zuerst auf zwei Audienzen pro Woche und schließlich nur mehr eine zurückfiel, während Gebre, der sich im Kongo ausgezeichnet hatte und im Ausland einen hervorragenden Ruf besaß, bis zu vier aufstieg. Ich, mein Freund, konnte zur besten Zeit höchstens mit einer Audienz pro Monat rechnen, obwohl manche Leute mich irrtümlich auf mehr schätzten, aber das war schon eine ganz gute Stellung, denn unterhalb derer mit direktem Zugang zum Kaiser gab es eine ganze Hierarchie von Leuten ohne unmittelbaren Kontakt, die nur über zwei, drei oder auch mehr Mittelsmänner bis zum Ohr des Kaisers gelangten; aber auch in diesen niedrigen Gefilden herrschten Zank und Hader und tobten verbissene Kämpfe. O ja, wer oft vorgelassen wurde, vor dem verneigten sich alle bis tief zum Boden, auch wenn er kein Minister war. Wem aber die Anzahl der Audienzen gekürzt wurde, der wußte, daß der gütigste Herr im Begriff war, ihn den Abhang hinunterzustoßen. Ich möchte hinzufügen, daß der erhabene Herr im Verhältnis zu seiner bescheidenen Größe und der Wohlgestalt des Kopfes außergewöhnlich große Ohren besaß.

I. B.:

Ich war der persönliche Säckelträger von Aba Hanna Jema, dem gottesfürchtigen Schatzmeister und Beichtvater des Kaisers. Beide Hoheiten waren gleich alt, ungefähr gleich groß und sahen einander ähnlich. Von irgendeiner Ähnlichkeit mit dem erhabenen Herrn, dem Auserwählten Gottes, zu sprechen, muß wie eine strafwürdige Lästerung klingen, aber im Falle von Aba Hanna darf ich mir diese Kühnheit herausnehmen, weil der Kaiser meinem Gebieter sein vollstes Vertrauen schenkte; ein Beweis für die Intimität dieser Beziehung war die Tatsache, daß die Anzahl der Audienzen Aba Hannas faktisch unbegrenzt war, man könnte fast von einer unaufhörlichen Audienz sprechen. Da Aba gleichzeitig Hüter der Kassa und Beichtvater des unvergeßlichen Herrn war, hatte er Einblick in die Seele und in die Taschen des Kaisers, das heißt, er sah die kaiserliche Gestalt in ihrer vollen und würdigen Ganzheit. Als Säckelträger begleitete ich Aba ständig bei seinen fiskalischen Tätigkeiten und trug meinem Herrn den Beutel aus feinstem Lammleder hinterdrein, den später die Zerstörer der Ordnung in den Straßen zur Schau stellten. Ich hatte auch die Aufsicht über einen anderen, größeren Sack, der am Vorabend von Nationalfeiertagen, wie dem Geburtstag des Kaisers, dem Jubiläum der Thronbesteigung und dem Jubiläum der Rückkehr aus dem Exil, mit kleinen Scheidemünzen gefüllt wurde. Zu diesen Anlässen begab sich unser greiser Herrscher in den belebtesten und dichtest bevölkerten Stadtteil, genannt Mercato, wo ich auf einer zu diesem Zweck errichteten Plattform den schweren, metallisch klingenden Sack abgestellt hatte, aus dem unser allergütigster Herr jetzt Hände voll Kupfermünzen nahm, die er unter die Menge der Bettler und anderen gierigen Gesindels warf. Der raffgierige Mob machte aber so einen Spektakel, daß dieser mildtätige Akt unvermeidlich damit endete, daß Polizeiknüppel auf die Köpfe des entfesselten und ausgelassenen Pöbels eindroschen. Dann verließ der Herr traurig die Plattform, oft, ohne den Sack auch nur bis zur Hälfte geleert zu haben.

W. A-N.:
... nachdem er also das Kapitel der Ernennungen abgeschlossen hatte, begab sich unser unermüdlicher Herr in den Goldenen Saal und begann hier die Stunde der Geldschatulle. Das war die Stunde zwischen zehn und elf Uhr morgens. In dieser Stunde stand dem ehrwürdigen Herrn der fromme Aba Hanna zur Seite, und diesem assistierte wieder sein getreuer Säckelträger. Wer einen feinen Geruchssinn und scharfe Ohren besaß, der konnte das Geld im Palast riechen und rascheln hören. Aber dazu brauchte man schon besondere Sinnesorgane und sogar eine gewisse Vorstellungsgabe, denn das Geld lag ja nicht in Stößen in den Salons herum, und der huldreiche Herr war gar nicht gewillt, bündelweise Dollars unter seine Günstlinge zu verteilen. O nein, an so etwas fand unser Herr keinen Geschmack!

Es mag dir vielleicht unbegreiflich erscheinen, mein lieber Freund, aber auch der Beutel von Aba

Hanna war keine Schatztruhe ohne Boden, und die Zeremonienmeister mußten oft allerlei Kniffe anwenden, um zu vermeiden, daß der Kaiser aus finanziellen Gründen in peinliche Situationen geriet. Ich erinnere mich noch gut, wie unser Herr nach der Fertigstellung des kaiserlichen Palastes, der Genete Leul genannt wurde, zwar den ausländischen Ingenieuren ihre Löhne bezahlte, aber keine Anstalten machte, auch die einheimischen Maurer auszuzahlen. Diese Einfaltspinsel versammelten sich vor dem Palast, den sie erbaut hatten, und begannen zu wehklagen, man möge ihnen doch bezahlen, was ihnen zustand. Da trat der Oberzeremonienmeister des Palastes auf den Balkon und forderte sie auf, zum Hintereingang zu gehen, dort würde der allergütigste Herr Geld unter sie verteilen. Die erfreute Menge tat, wie ihr geheißen, und das machte es dem ehrwürdigen Herrn möglich, den Palast ohne lästige Behinderung durch die Vordertür zu verlassen und zum Alten Palast zu fahren, wo ihn schon der ganze Hofstaat erwartete.

Wo immer unser Herr auch hinkam, zeigte das Volk seine zügellose und unersättliche Habgier; einmal bat es um Brot, dann wieder um Schuhe, Rinder oder eine Subvention für den Straßenbau. Und unser Herr liebte es, die Provinzen zu besuchen und das einfache Volk zu sich kommen zu lassen, um seine Sorgen zu hören, es mit Versprechungen zu trösten, die Demütigen und Arbeitsamen zu loben und die Faulen und Ungehorsamen zu tadeln. Aber diese Vorliebe unseres gütigen Herrn riß tiefe Löcher in die Staatskasse, denn vorher mußten die Provinzen auf den Besuch vorbereitet werden — sie wurden gefegt und ausgemalt, der Müll wurde verscharrt, die Fliegen wurden teilweise vertilgt, Schulen erbaut, die Kinder in Uniformen gesteckt, die Amtsgebäude renoviert, Flaggen genäht und Porträts des erhabenen Monarchen gemalt. Wenn unser Herr irgendwo unangemeldet erschienen wäre, so ganz plötzlich, wie irgendein armseliger Steuereintreiber, dann wäre das nicht in Ordnung gewesen. Man könnte sich die Überraschung und das Entsetzen der örtlichen Notabeln vorstellen! Ihr Zittern und ihre Angst! Die Macht aber kann in einer Atmosphäre der Bedrohung nicht arbeiten, die Macht, das ist eine Konvention, die auf festen Gesetzen beruht. Stell dir einmal vor, mein lieber Freund, unser strahlender Herr hätte die Gewohnheit gehabt, die Menschen zu überraschen. Sagen wir, der Monarch fliegt nach Norden, wo alles schon zum Empfang bereit ist, das Zeremoniell ist eingeübt, die Provinz glänzt wie ein Spiegel, und plötzlich, mitten im Flug, ruft der ehrwürdige Herr den Piloten und sagt: »Mein Sohn, dreh die Maschine um, wir fliegen nach Süden.« Aber im Süden gibt es nichts! Nichts ist fertig! Der Süden lümmelt herum, ein Saustall, Lumpen, alles schwarz von Fliegen. Der Gouverneur ist in die Hauptstadt gefahren, die Notabeln schlafen, die Polizei hat sich in die Dörfer davongemacht, um die Bauern zu plündern. Wie schlecht müßte sich der gütigste Herr fühlen! Was für eine Beleidigung für seine Würde! Und — sprechen wir es ruhig aus — wie lächerlich! Es gibt bei uns Provinzen, wo die Menschen bedrückend wild sind, nackt und heidnisch;

ohne Belehrungen von seiten der Polizei würden sie sich vielleicht gar eine Beleidigung der höchsten Majestät herausnehmen. Es gibt andere Provinzen, wo die ungehobelten Bauern beim Anblick Seiner Majestät aus Angst auf und davon laufen würden. Und stell dir nur vor, mein Freund, unser strahlender Herr steigt aus dem Flugzeug und um ihn herum Wüste, endlose Stille, verlassene Felder, keine lebende Seele, so weit das Auge reicht. Da ist niemand, an den man sich wenden kann, vor dem man eine Rede halten, den man aufmuntern kann, es gibt keinen Triumphbogen, nicht einmal ein Auto ist da. Was soll man tun, wie sich verhalten? Den Thron aufstellen und den roten Teppich ausrollen? Das würde alles noch schlimmer, noch lächerlicher machen. Der Thron verleiht Würde, aber nur im Kontrast zu der ihn umgebenden Demut; erst die Demut der Untertanen gibt dem Thron seine Macht und seinen Sinn, ohne sie ist der Thronsessel nur ein Stück Dekoration, ein unbequemer Lehnstuhl mit abgewetztem Plüschbezug und ausgeleierten Sitzfedern. Ein Thron in einer menschenleeren Wüste ist kompromittierend. Soll man sich draufsetzen? Oder warten, was kommt? Hoffen, daß jemand auftaucht und eine Huldigung darbringt? Dazu gibt es nicht einmal ein Auto, mit dem man ins nächste Dorf fahren könnte, um seinen Statthalter zu suchen. Der ehrwürdige Herr weiß, wer es ist, aber wie soll er ihn jetzt plötzlich finden? Was bleibt unserem Herrn also anderes übrig? Er kann sich noch einmal umschauen, dann ins Flugzeug steigen und schließlich doch noch nach Norden fliegen, wo alles voll Erregung und ungeduldiger Bereitschaft wartet — das Protokoll, das Zeremoniell, und die Provinz ist blitzblank.

Ist es da verwunderlich, wenn unser gütiger Herr niemanden überraschte? Nehmen wir einmal an, er würde einmal die überraschen, dann wieder jene, einmal hier, dann dort. Heute die Provinz Bale, morgen die Provinz Tigre. Und er stellt fest: »Sie faulenzen herum, sind schmutzig, schwarz von Fliegen.« Er beruft die Notabeln der Provinz zur Stunde der Ernennung nach Addis Abeba, rügt sie und setzt sie ab. Die Nachricht davon geht wie in Lauffeuer durch das ganze Kaiserreich. Und was wäre die Folge? Die Notabeln im ganzen Reich würden nichts mehr tun und nur mehr in den Himmel starren, ob nicht der ehrwürdige Herr herbeifliegt. Das Volk verkommt, die Provinz geht vor die Hunde, aber das alles ist nichts im Vergleich mit dem Zorn des Herrn. Und was noch schlimmer ist: sie fühlen sich unsicher und bedroht, da sie weder den Tag noch die Stunde kennen, und rücken in ihrem Unbehagen und ihrer Furcht enger zusammen, beginnen zu murren, sich zu krümmen, zu ächzen, Gerüchte über die Gesundheit des huldreichen Herrn auszustreuen, und schließlich fangen sie an, Verschwörungen anzuzetteln, andere zur Rebellion aufzustacheln, Unfrieden zu säen und den ihrer Meinung nach ungnädigen Thron zu unterwühlen, der ihnen — was für ein vermessener Gedanke! — kein gutes Leben gönnt. Um daher solchen Unruhen im Kaiserreich vorzubeugen und eine Lähmung der Staatsmacht zu vermeiden, führte unser Herr einen fruchtbaren Kompromiß herbei, der doppelte Ruhe brachte — ihm und den Notabeln. Jetzt werfen alle Zerstörer der kaiserlichen Macht dem edelmütigsten Herrn vor, daß er in jeder Provinz zumindest einen Palast besaß, der immer für den Empfang des Kaisers bereitstand. Es stimmt, daß es vielleicht so manche Übertreibung in dieser Hinsicht gegeben hat, denn es wurde auch etwa mitten in der Wüste Ogaden ein prachtvoller Palast erbaut und ein paar Dutzend Jahre erhalten, mit voller Dienerschaft und wohlgefüllten Speisekammern, obwohl der unermüdliche Herr in all diesen Jahren sich nur einen einzigen Tag dort aufhielt. Aber nehmen wir an, die Reiseroute des ehrwürdigen Herrn wäre einmal so verlaufen, daß er mitten in der Wüste hätte übernachten müssen. Wäre dann die Unerläßlichkeit dieses Palastes nicht sofort ins Auge gesprungen? Aber leider wird unser ungebildetes Volk nie die höheren Gesetze begreifen, die die Schritte der Monarchen lenken.

E.:
Der Goldene Saal, Herr Kapuczycky, Stunde der Geldschatulle. Neben dem Kaiser steht der greise Aba Hanna und hinter diesem dessen Säckelträger. Am anderen Ende des Saales drängen sich die Menschen, scheinbar ohne Ordnung, aber jeder kennt seinen Platz in der Reihe. Ich kann getrost von einem Gedränge sprechen, da der gnädige Herr jeden Tag eine unendliche Anzahl von Untertanen empfing; wenn er sich in Addis Abeba aufhielt, floß der

Palast über vor pulsierendem, üppigen Leben (wenn auch natürlich gemäß den Gesetzen der Hierarchie); durch den Hof strömten Kolonnen von Autos, in den Gängen drängten sich Delegationen, die Beamten des Hofzeremoniells schossen mit flackernden Augen hin und her, die Wachen wurden gewechselt, Boten liefen mit Stößen Papier durch die Zimmer, Minister schauten vorbei, ganz zufällig und bescheiden, als wären sie einfache Menschen, Hunderte Untertanen versuchten, irgendwelchen Würdenträgern Petitionen oder auch Spitzelberichte zuzustecken, man bekam die Generalität zu sehen, die Mitglieder des Kronrates und der kaiserlichen Gutsverwaltung, die Statthalter, mit einem Wort — es war ein Gedränge, ein erregtes und feierliches Gedränge.

Das alles verschwand augenblicklich, wenn der ehrwürdige Herr die Hauptstadt verließ, sich ins Ausland begab oder in eine Provinz reiste, um einen Grundstein zu legen, eine Straße zu eröffnen oder auch nur die Sorgen der einfachen Menschen kennenzulernen, sie zu trösten und aufzumuntern. Mit einem Schlag war der Palast leer und schaute aus wie eine Attrappe, eine Kulisse; die Dienerschaft machte Waschtag und hing die Wäsche auf Stricken zum Trocknen auf, die Palastkinder ließen ihre Ziegen im Park weiden, die Zeremonienmeister lungerten in nahen Bars herum, und die Wachen verschlossen die Palasttore mit Ketten und legten sich unter die Bäume schlafen. Wenn der Herr zurückkehrte, tönten die Fanfaren, und der Palast erwachte zu neuem Leben.

Im Goldenen Saal war die Luft immer wie elektrisch geladen. Man spürte förmlich den Strom, der durch die Schläfen der dort Versammelten floß und sie zittern ließ. Die Quelle dieses Stroms war der für alle sichtbare Beutel aus feinstem Lammleder. Die Menschen traten der Reihe nach vor unseren großzügigen Herrn und sagten, wofür sie Geld brauchten. Unser Herr hörte sie an und stellte dann zusätzliche Fragen. Ich muß gestehen, daß unser huldreicher Herr in finanziellen Angelegenheiten ungeheuer penibel war. Jede Ausgabe im Kaiserreich, die eine Summe von zehn Dollar überschritt, bedurfte seiner persönlichen Genehmigung, und wenn ein Minister zum Kaiser kam und um die Zustimmung für die Ausgabe von nur einem Dollar ersuchte, wurde er gelobt. Das Auto eines Ministers muß zur Reparatur — es braucht die Zustimmung des Kaisers, ein undichtes Rohr in der Stadt muß ausgewechselt werden — es braucht die Zustimmung des Kaisers. Ein Hotel möchte Leintücher kaufen — nicht ohne Zustimmung des Kaisers.

Mein Freund, du solltest dem schier unglaublichen Fleiß und der Sparsamkeit unseres greisen Herrn Bewunderung zollen, der den Großteil seiner königlichen Zeit damit zubrachte, Rechnungen zu prüfen, Kostenvoranschläge zu studieren, Projekte abzulehnen und sich den Kopf über die menschliche Gier, Gerissenheit und Unverschämtheit zu zerbrechen. Und doch schienen diese Angelegenheiten unseren Herrn nie zu ermüden oder zu langweilen. Seine lebhafte Wissensgier, Aufmerksamkeit und vorbildliche Sparsamkeit waren bewunderungswürdig. Er hatte eine Nase für Gelddinge, und sein Finanzminister, Yelma Deresa, zählte zu den Personen, die am häufigsten Zutritt zum Kaiser genossen. Für die Bedürftigen hatte unser großzügiger Herr immer eine offene Hand. Nachdem er die Antworten auf seine Fragen vernommen hatte, versprach der gütige Herr dem Bittenden, seine finanzielle Not zu lindern. Dann wandte sich der großzügige Herr zu Aba Hanna und nannte ihm flüsternd die Summe, die der fromme Würdenträger aus dem Beutel nehmen solle. Aba Hanna senkte die Hand in den Beutel, holte das Geld hervor, steckte es in ein Kuvert und überreichte dieses dem strahlenden Glückspilz, der — Bückling über Bückling, ständig nach rückwärts schreitend — stolpernd und strauchelnd abging.

Später aber, Herr Kapuczycky, war leider oft das Wehklagen dieser undankbaren Kerle zu hören. Denn im Kuvert fanden sie nur einen kleinen Teil jener Summe, die ihnen — wie die unersättlichen Raffer jedesmal schworen — der großzügige Herr versprochen hatte. Aber was sollten sie tun — umkehren? Eine Petition einreichen? Den Würdenträger anklagen, der dem Herzen des Herrn am nächsten stand? Alles das war unmöglich. Oh, was für ein Haß den gottesfürchtigen Schatzmeister und Beichtvater umgab! Da die öffentliche Meinung es nicht wagte, die Ehre unseres Herrn anzutasten, beschuldigte sie ihn — Aba Hanna — der Knausrigkeit und des Betrugs. Sie warf ihm vor, er hätte nicht tief genug in den Beutel gegriffen, zu lange mit seinen dicken Fingen darin herumgewühlt, er würde überhaupt nur mit Abscheu hineingreifen, als wäre der Beutel mit Giftschlangen gefüllt, und im übrigen stopfe er das Kuvert voll, ohne nur hinzuschauen, als könnten seine Finger Münzen und Scheine nach Gewicht und Format unterscheiden. Als er erschossen wurde, hat ihn, glaube ich, keiner außer dem huldreichen Herrn beweint.

Ein leeres Kuvert! Herr Kapuczycky, wissen Sie überhaupt, was Geld in einem armen Land bedeutet? Geld in einem armen Land und Geld in einem reichen Land, das sind zwei grundverschiedene Dinge. In einem reichen Land ist Geld nur ein Wertpapier, für das man auf dem Markt etwas kaufen kann. Sie sind einfach ein Käufer, sogar ein Millionär ist nur ein Käufer. Er kann mehr kaufen, aber er bleibt doch ein Käufer und sonst nichts. Aber in einem armen Land? In einem armen Land ist das Geld eine wunderbare, dichte, frische, mit ewigen Blüten besetzte Hecke, die Sie gegen alles abschirmt. Durch diese Hecke sehen Sie nicht die schreiende Armut, spüren Sie nicht den Gestank des Elends, hören Sie nicht die Stimmen aus den menschlichen Tiefen. Aber gleichzeitig wissen Sie, daß das alles existiert, und Sie sind stolz auf Ihre Hecke. Sie haben Geld, das bedeutet, Sie haben Flügel. Sie sind ein Paradiesvogel, den jeder bewundert.

Können Sie sich vorstellen, daß in Holland die Leute auf der Straße zusammenrennen, um einen reichen Holländer anzustarren? Oder in Schweden, oder in Australien? Aber bei uns ist das vorstellbar.

Wenn in unserem Land ein Prinz auftaucht, laufen alle zusammen und starren ihn an. Sie laufen zusammen, um einen Millionär zu sehen, und dann gehen sie noch lange herum und prahlen: »Ich habe einen Millionär gesehen!« Das Geld verwandelt Ihr eigenes Land in einen exotischen Garten. Alles beginnt Sie in Erstaunen zu setzen — wie die Menschen leben, welche Sorgen sie haben, und Sie werden sagen: »Nein, das ist doch nicht möglich!« Immer öfter werden Sie sagen: »Nein, das ist doch nicht möglich!« Denn Sie selbst gehören bereits zu einer anderen Zivilisation, und Sie kennen ja das Kulturgesetz: zwei Zivilisationen können einander nicht wirklich gut kennen und verstehen. Sie werden zunehmend taub und blind. Sie fühlen sich in Ihrer eigenen, von einer Hecke geschützten Zivilisation wohl, und die Signale der anderen Zivilisation werden für Sie immer schwerer verständlich, als kämen sie von Bewohnern der Venus. Wenn Sie Lust verspürten, könnten Sie in Ihrem eigenen Land sogar zum Entdecker werden. Herr Kolumbus, Magellan, Livingstone. Aber ich bezweifle, daß Sie das reizen würde. Solche Expeditionen sind gefährlich, und Sie sind ja schließlich kein Narr. Sie sind ein Mensch Ihrer Zivilisation, und diese wollen Sie schützen, für sie kämpfen. Und Sie werden Ihre Hecke gießen. Sie sind genau der Gärtner, den unser Herr braucht. Sie wollen nicht Ihren prächtigen Federschmuck verlieren, und der Kaiser benötigt Leute, die viel zu verlieren haben. Den Armen warf unser grundgütiger Herr Kupfermünzen hin, den Menschen des Palastes aber schenkte er riesige Vermögen. Er gab ihnen Landgüter, Grund, Bauern, aus denen sie Steuern pressen konnten, Gold, Titel und Kapital.

Und obwohl jeder, der seine Loyalität unter Beweis stellte, mit einem reichen Geschenk rechnen durfte, kam es zwischen den einzelnen Cliquen doch immer wieder zu Zank und Hader, es gab ständig Kämpfe um Privilegien, ein ständiges Raffen und Gieren — der Paradiesvogel, der in jedem wohnt, wollte befriedigt werden. Unser strahlender Herr betrachtete das raffgierige Gedränge mit Wohlgefallen. Er sah es gern, wenn die Höflinge ihre Vermögen mehrten, ihre Konten aufstockten und sich die Taschen füllten. Ich kann mich nicht erinnern, daß unser großzügiger Herr einmal jemanden abgesetzt und seinen Kopf in den Straßenstaub gedrückt hätte, weil er korrupt war. Laßt ihn korrupt sein, Hauptsache, er ist loyal. Dank seines unübertrefflichen Gedächtnisses und der ständigen Spitzelberichte wußte der Monarch ganz genau, wieviel jeder besaß, aber diese Buchhaltung behielt er für sich und machte von ihr nie Gebrauch, solange der Untertan ihm die Loyalität bewahrte. Glaubte er aber nur einen Schatten illoyalen Verhaltens wahrnehmen zu können, dann konfiszierte er alles und nahm dem Treulosen seinen Paradiesvogel weg! Mit Hilfe dieser Buchhaltung hatte der König der Könige alle in der Hand, und alle wußten das.

Es gab im Palast aber auch folgenden Fall: Einer der edelsten Patrioten, ein mutiger Partisanenführer im Krieg gegen Mussolini, Tekele Wolda Hawariat, konnte den Kasier nicht leiden und verweigerte die

Annahme der allermildtätigsten Gaben, er wollte keine Privilegien und zeigte keinerlei Hang zur Korruption. Ihn ließ der huldreiche Herr jahrelang einsperren und schließlich köpfen.

G. H-M.:
Obwohl ich ein hoher Beamter des Hofzeremoniells war, nannte man mich hinter meinem Rücken den Kuckuck des ehrwürdigen Herrn. Das kam daher, daß im Arbeitszimmer des Kaisers eine Schweizer Uhr hing, aus der ein Kuckuck sprang, um jede volle Stunde zu verkünden. Ich hatte die besondere Ehre, in den Stunden, die der Herr den kaiserlichen Geschäften widmete, eine ähnliche Funktion zu erfüllen. Wenn der Zeitpunkt für den Kaiser gekommen war, dem festgelegten Protokoll entsprechend von einer Tätigkeit zur nächsten überzugehen, nahm ich vor ihm Aufstellung und verneigte mich ein paarmal. Das war dann für den scharfsinnigen Herrn das Zeichen, daß eine Stunde endete und es Zeit war, die nächste zu beginnen.

Witzbolde, die sich in jedem Palast über Untergebene lustig machen, sagten, das Verneigen sei mein einziger Beruf, ja, meine einzige Existenzberechtigung. Und in der Tat hatte ich keine andere Aufgabe, als mich in einem bestimmten Moment vor dem ehrwürdigen Herrn zu verneigen. Aber ich hätte ihnen antworten können — wenn mein Rang so eine Kühnheit erlaubt hätte —, daß meine Verneigungen einen funktionellen und arbeitssparenden Charakter hatten, daß sie einem allgemeinen, staatlichen, also übergeordneten Ziel dienten, während es im Palast von Hofschranzen wimmelte, die sich ohne zeitliche Ordnung verneigten, einfach wenn sich die Gelegenheit dazu ergab. Es war keine höhere Notwendigkeit, die ihren Nacken so biegsam machte, sondern einzig das Bedürfnis, sich beim Herrn lieb Kind zu machen, sowie die Hoffnung auf Beförderungen und Geschenke. Ich mußte sogar darauf achten, daß in diesem allgemeinen und ständigen Verneigen meine informative Arbeits-Verneigung nicht unterging; ich mußte mich so aufstellen, daß die aufdringlichen Speichellecker mich nicht in den Hintergrund drängen konnten, denn wenn unser gütiger Herr nicht zur rechten Zeit das festgesetzte Signal erhielt, könnte er die Orientierung verlieren und eine Tätigkeit hinausziehen, zum Schaden für eine andere, nicht minder wichtige Pflicht.

Aber leider! Wenn es darum ging, die Stunde der Geldschatulle zu beenden und die Stunde der Minister zu beginnen, fruchtete die Präzision meiner Pflichterfüllung nur wenig. Die Stunde der Minister war den Angelegenheiten des Kaiserreiches gewidmet, aber wen kümmern die Angelegenheiten des Reiches, wenn die Schatulle da offen steht, und um sie herum schwirren die Günstlinge und Auserwählten wie die Fliegen. Keiner möchte mit leeren Händen weggehen, ohne Geschenk, ohne Kuvert, ohne Beförderung, ohne sich die Tasche gefüllt zu haben. Manchmal reagierte unser Herr auf diese Raffgier mit mildem Schelten, aber nie wurde er zornig; dank der offenen Geldschatulle drängten sie sich um so dichter um ihn und dienten ihm um so ergebener. Unser Herr wußte, daß der Satte seine Sattheit verteidigen würde, und wo könnte man sich besser sättigen als im Palast? Auch der Monarch selbst hat seinen Hunger nach materiellen Gütern gestillt, worüber die Zerstörer des Reiches jetzt so ein Geschrei machen.

Und ich sage dir, mein Freund, je weiter die Zeit fortschritt, um so schlimmer wurde es. Je mehr die Fundamente des Kaiserreiches ins Schwanken gerieten, um so gieriger drängten sich die Günstlinge um die Geldschatulle; je frecher die Umstürzler ihre Köpfe erhoben, um so hemmungsloser schaufelten die Höflinge in ihre Taschen; je näher es auf das Ende zuging, um so ärger wurde das Gieren und Raffen. Mein Freund, das Schiff war im Sinken begriffen, aber statt ans Steuer zu eilen und die Segel zu bergen, stopften unsere Magnaten sich die Säcke voll und hielten nach einem bequemen Rettungsboot Ausschau. Im Palast brach ein derartiges Fieber aus, es gab so eine Balgerei um die Schatulle, daß selbst diejenigen, die gar nicht hinter dem Geld her waren, hineingezogen und aufgestachelt wurden, bis auch sie am Ende — nur um Ordnung und Anstand zu wahren — etwas in die Taschen steckten. Mein Freund, alles war so verdreht, daß es als Ehre angesehen wurde, etwas zu nehmen, und als Schande, das nicht zu tun; sich nicht zu bereichern war eine Schwäche, ein Zeichen für Trägheit und bedauerliche Impotenz. Wer sich aber den Beutel ordentlich gefüllt hatte, der spazierte mit einer Miene herum, als habe er eben seine Männlichkeit unter Beweis gestellt und als wollte er selbstsicher sagen: »Auf die Knie, Weibervolk!« Alles ging drunter und drüber, und niemand kann mir einen Vorwurf daraus machen, daß ich in diesem Chaos oft nur mit Mühe und reichlicher Verspätung die Stunde der Geldschatulle beendete, damit unser grundgütiger Herr die Stunde der Minister beginnen konnte.

P. H-T.:
Die Stunde der Minister begann um elf Uhr und endete zu Mittag. Es war nicht weiter schwierig, die Minister zu rufen, da diese Würdenträger sich ohnehin dem Brauch gemäß seit dem Morgen im Palast aufhielten. Oft beklagten sich Botschafter, daß sie einen Minister nie in seinem Amt antreffen könnten, um mit ihm etwas zu besprechen — ständig bekämen sie vom Sekretär zu hören: »Der Minister wurde zum Kaiser gerufen.« Und es stimmt, der gnädige Herr liebte es, alle ständig im Auge zu haben, er sah es gern, wenn sie immer bei der Hand waren. Ein Minister, der dem Palast länger fernblieb, wurde scheel angesehen und konnte sich nicht lange halten. Aber die Minister — Gott behüte! — wollten sich ja gar nicht fernhalten. Wer einmal diese Stellung erlangt hatte, der war bereits genügend vertraut mit den Neigungen des Monarchen und eifrigst bemüht, sich ihnen anzupassen. Wer die Stufen der Palasthierarchie hinaufklimmen wollte, der mußte sich zuerst negatives Wissen aneignen, das heißt, in Erfahrung

bringen, was er und seine Untergebenen nicht dürfen: was man nicht sagen und schreiben, was man nicht tun, übersehen oder vernachlässigen darf. Erst aus diesem negativen Wissen erwuchs positives, obwohl dieses immer nebelhaft und trügerisch blieb: Während sich die Günstlinge des Kaisers mit größter Sicherheit auf dem Boden der Verbote bewegten, fühlten sie sich auf dem Gebiet der Forderungen und Vorschläge unsicher und gefährdet. Sie schauten sich ständig nach dem ehrwürdigen Herrn um und warteten, was er sagen würde. Da aber unser Herr die Gewohnheit hatte, nichts zu sagen, zu warten und alles aufzuschieben, sagten auch sie nichts, warteten und schoben die Dinge auf.

Auch das Leben im Palast war daher, so lebhaft es auch scheinen mochte, voller Schweigen, Warten und Aufschieben. Jeder Minister suchte die Gänge aus, in denen ihm die Chance am größten schien, dem erhabenen Herrn begegnen und sich vor ihm verneigen zu können. War einem Minister geflüstert worden, man habe ihn wegen mangelnder Loyalität denunziert, dann wählte er seine Marschrouten mit besonderer Sorgfalt. Er saß dann tagelang im Palast herum und versuchte immer wieder, eine Begegnung mit dem huldreichen Herrn zustande zu bringen und sich vor ihm zu verneigen, um durch seine ununterbrochene Anwesenheit im Palast die Falschheit und Böswilligkeit der Spitzelberichte zu demonstrieren. Der strahlende Herr hatte die Gewohnheit, jeden Minister getrennt zu empfangen, weil ein Höfling so seine Kollegen viel mutiger anschwärzen konnte, wodurch unser Herr einen besseren Einblick in die Staatsgeschäfte erhielt. Ein Minister, der zur Audienz empfangen wurde, sprach zwar am liebsten nicht über sein eigenes Amt, sondern über die Unordnung, die in den Ämtern seiner Kollegen herrschte, aber nachdem unser Herr immer alle Würdenträger anhörte, konnte er sich doch ein vollständiges Bild machen. Im übrigen war es nicht so wichtig, ob ein Würdenträger seiner Aufgabe gewachsen war oder nicht, solange er nur loyal war.

Die Minister, die keinen besonderen Scharfsinn und Weitblick besaßen, zeichnete unser Herr durch besondere Gewogenheit und Gunst aus, weil er sie als stabilisierende Elemente im Leben des Kaiserreichs betrachtete. Und zwar nach folgendem Prinzip: Es ist allgemein bekannt, daß unser Monarch immer ein Vorkämpfer von Reformen und Fortschritt war. Mein lieber Freund, nimm nur die Autobiographie zur Hand, die der Kaiser in seinen letzten Lebensjahren diktiert hat, und du wirst sehen, wie mutig unser Herr gegen Barbarei und Unwissen gekämpft hat, die unser Land regierten (er geht ins nächste Zimmer und holt den in London bei Ullendorff herausgegebenen Band *My life and Ethiopias progress,* Mein Leben und Äthiopiens Fortschritt, beginnt darin zu blättern und fährt fort). Hier zum Beispiel erinnert unser Herr daran, daß er gleich zu Beginn seiner Herrschaft das Abschneiden von Händen und Füßen verboten habe, eine übliche Strafe selbst für geringe Vergehen. Dann schreibt er, er habe den Brauch abgeschafft, wonach einem Menschen, der des Mordes angeklagt worden war — und die Anklage wurde ja nur von gewöhnlichen Leuten erhoben, da es keine Gerichte gab — in aller Öffentlichkeit der Bauch aufgeschlitzt wurde; die Exekution mußte noch dazu von den nächsten Verwandten durchgeführt werden, ein Sohn mußte also etwa den Vater hinrichten, die Mutter den Sohn. Statt dessen führt unser Herr staatliche Henker ein, bestimmt öffentliche Hinrichtungsstätten und befiehlt, die Exekution habe durch Erschießen zu erfolgen. Dann richtet er aus eigenen Mitteln (das betont er hier eigens) die ersten beiden Druckereien ein und gibt Anweisung, die erste Zeitung in der Geschichte unseres Landes erscheinen zu lassen. Dann eröffnet er die erste Bank. Dann führt er in unserem Land den elektrischen Strom ein, zuerst für den Palast, später auch für andere Gebäude. Dann schafft er den Brauch ab, Gefangene in Ketten und Fußeisen zu legen. Seither werden sie von Beamten bewacht, die aus der kaiserlichen Schatulle bezahlt werden. Dann verbietet er per Dekret den Sklavenhandel. Er setzt fest, daß er bis 1950 abgeschafft werden müsse. Dann beseitigt er mit einem Dekret eine Methode, die wir Liebascha nennen und die dazu dient, Diebe auszuforschen. Die Zauberer gaben jungen Knaben geheimnisvolle Kräuter zu essen, und diese traten dann, berauscht, halb von Sinnen und gelenkt von einer übernatürlichen Kraft, in irgendein Haus um auf den Dieb zu weisen. Demjenigen, auf den sie gezeigt hatten, wurden nach unserer Sitte Hände und Füße abgeschnitten. Stell dir das Leben in einem Land vor, mein Freund, wo du jeden Moment völlig unschuldig Hände und Füße verlieren kannst. Du gehst auf der Straße und plötzlich packt dich ein benebeltes Kind am Hosenbein, und gleich macht sich die Menge über deine Hände und Füße her; oder du sitzt zu Hause beim Essen, plötzlich stürzt ein betrunkener Knabe herein, sie schleppen dich in den Hof und schneiden dir etwas ab; erst, wenn du dir so ein Leben vergegenwärtigst, verstehst du die Tiefe der Veränderungen, die unser Herr herbeigeführt hat.

Und er hört nicht auf, zu reformieren: Er hebt die Zwangsarbeit auf, führt die ersten Autos ein, ruft ein Postsystem ins Leben. Er behält zwar die Prügel strafe in der Öffentlichkeit bei, mißbilligt aber die Methode Afarsata. Wenn irgendwo ein Verbrechen verübt worden war, umstellten die Ordnungskräfte das Dorf oder Städchen des Geschehens und ließen die Bewohner so lange hungern, bis sie den Schuldigen nannten. Aber die Einwohner überwachten einander, damit niemand den anderen denunzieren könnte, weil jeder fürchtete, er könnte als Schuldiger genannt werden. Und so überwachten sie einander und starben der Reihe nach an Hunger. Das war die Methode Afarsata. Unser Herr lehnte diese Praktiken ab.

Getrieben von seinem Streben nach Fortschritt, beging aber der ehrwürdige Herr leider eine gewisse Unvorsichtigkeit. Da es früher in unserem Land weder öffentliche Schulen noch Universitäten gab, begann der Kaiser junge Menschen zum Studium ins Ausland zu schicken. Am Anfang lenkte unser Herr selbst dieses Unternehmen und suchte persönlich die

Kinder aus ehrenwerten und loyalen Familien aus, aber später — ach, diese moderne Zeit beschert einem nichts als Kopfweh! — begann so eine Jagd nach der Möglichkeit, ins Ausland zu fahren, daß unser gütiger Herr zunehmend die Kontrolle über diese äffische Mode verlor, die unsere Jugend erfaßt hatte. Immer mehr Bürschchen, noch grün hinter den Ohren, machten sich auf und fuhren zum Studium nach Europa oder Amerika. Und wie nicht anders zu erwarten, begannen in ein paar Jahren die Probleme. Unser Herr hatte wie ein Zaubermeister eine übernatürliche und zerstörerische Kraft geweckt, nämlich das Bedürfnis, unser Land mit anderen zu vergleichen. Vollgestopft mit gesetzwidrigen Ideen, illoyalen Ansichten, unverantwortlichen und unsere Ordnung gefährdenden Projekten kehrten die jungen Leute aus dem Ausland zurück. Sie schauten sich nur kurz im Kaiserreich um, griffen sich an den Kopf und riefen: »Mein Gott, wie ist das nur möglich!«

Da hast du, mein Freund, einen weiteren Beweis für die grenzenlose Undankbarkeit der Jugend. Auf der einen Seite war unser Herr nur darum besorgt, ihnen den Weg zum Wissen zu ebnen, auf der anderen heimste er solchen Lohn ein: anstößige Krittelei, beleidigende Grimassen, Zersetzung, Ablehnung. Man kann sich die Verbitterung vorstellen, mit der diese Lästermäuler den gütigen Monarchen erfüllten. Am schlimmsten aber war, daß diese Grünschnäbel, die von seltsamen, unserem Land fremden Ideen überquollen, Unruhe ins Kaiserreich brachten, unnötige Geschäftigkeit, Unordnung, den Wunsch, gegen den

Willen der Obrigkeit etwas zu tun. Und in dieser Hinsicht kamen dem ehrwürdigen Herrn eben jene Minister zu Hilfe, die sich durch keinen besonderen Scharfsinn und Weitblick auszeichneten. Ihre Hilfe war nicht bewußt und überlegt, sondern spontan und ungewollt, aber trotzdem war sie unerhört wichtig für die Aufrechterhaltung der Ordnung im Reich. Es genügte nämlich, daß so ein Günstling des ehrwürdigen Herrn ein gedankenloses Dekret verabschiedete. Dank seiner Autorität beginnt das Dekret zu wirken, und indem es wirkt, richtet es, wie könnte es anders sein, Schaden an und schafft ein heilloses Durcheinander; die Leute jammern, greifen sich an den Kopf, eine Katastrophe. Unsere oberschlauen Grünschnäbel sehen das, und es schwant ihnen nichts Gutes; sie eilen zur Rettung herbei, beginnen zu reparieren, auszubügeln, zu flicken, das Knäuel zu entwirren. Statt also ihre Kräfte für einen verderblichen Fortschritt einzusetzen und ihren leichtsinnigen und umstürzlerischen Phantasien freien Lauf zu lassen, müssen sich unsere Nörgler an die Arbeit machen und versuchen, das Knäuel zu entwirren. Und es gibt immer viel zu entwirren in unserem Reiche! Sie entwirren und entwirren, brechen in Schweiß aus, ruinieren ihre Nerven, laufen hier hin, reparieren dort etwas, und in diesem Gelaufe, Getue und Gewirbel verdampfen langsam ihre Phantasien aus den heißen Köpfen.

Ja, mein Freund, und jetzt werfen wir einmal einen Blick nach unten. Denn auch dort unten dekretieren die subalternen Beamten des Kaisers dieses und jenes, und die einfachen Leute wirbeln herum und entwirren und entwirren. Darin lag die stabilisierende Rolle dieser vom ehrwürdigen Herrn hervorgehobenen Günstlinge. Sie zwangen die gebildeten Phantasten und das unaufgeklärte Volk, ständig etwas zu entwirren, damit aber reduzierten sie alle illoyalen Ambitionen auf Null, denn woher soll man noch die Kraft für Ambitionen nehmen, wenn die ganze Energie beim Entwirren draufgeht. Auf diese Weise, mein lieber Freund, wurde das gottgefällige und liebenswerte Gleichgewicht im Reich aufrechterhalten, das unser höchster Herr so weise und gütig regierte.

Trotzdem ließ die Stunde der Minister die ergebenen Würdenträger erzittern, denn kein Minister wußte, weshalb er vor den Herrn gerufen worden war. Wenn seine Antwort dem ehrwürdigen Herrn nicht gefiel oder dieser glaubte, darin ein Körnchen Unwahrheit zu entdecken, dann konnte der Minister am nächsten Tag in der Stunde der Ernennung entlassen werden. Im übrigen liebte es unser Herr auch so, die Minister ständig hierhin und dorthin zu versetzen, damit sie sich nie an einen Platz gewöhnen und mit Verwandten oder Stammesbrüdern umgeben konnten. Das Monopol auf Ernennung und Beförderung wollte der großzügige Herr ganz für sich behalten, und er sah es daher gar nicht gern, wenn irgendein Würdenträger jemanden still und heimlich auf einen Posten setzte. So eine Eigenmächtigkeit wurde auf der Stelle bestraft, drohte sie doch die Balance zu gefährden, die der erhabene Herr errichtet hatte; eine gefährliche Disproportion wäre die Folge gewesen, und unser Herr hätte sich damit beschäftigen müssen,

diese wieder auszugleichen, statt sich den höchsten
Aufgaben zu widmen.

B. K-S.:
Um zwölf Uhr mittags legte ich in meiner Funktion
als Garderobendiener des kaiserlichen Gerichts dem
strahlenden Herrn die schwarze, bis zum Boden rei-
chende Toga um die Schultern, in der unser Monarch
die Stunde des Obersten und Letzten Gerichts eröffnete, die bis um ein Uhr dauerte. Diese Stunde heißt
in unserer Sprache Tschelot. Unser Herr liebte die
Stunde der Gerechtigkeit, und wenn er sich in der
Hauptstadt aufhielt, versäumte er nie seine Pflicht
als Richter, auch wenn das auf Kosten anderer, noch
so wichtiger Aufgaben ging. Der Tradition unserer
Kaiser folgend, verbrachte der Herr diese Stunde, in
der er die Fälle anhörte und Urteil sprach, stehend.
In früheren Zeiten war unser Kaiserhof ein Wander-
lager gewesen, das von Ort zu Ort zog, von Provinz
zu Provinz, immer den Berichten des kaiserlichen
Geheimdienstes folgend, der ausfindig machen mußte,
wo es eine reichliche Ernte geben und das Vieh sich
fruchtbar vermehren würde. Zu diesen gottgefälligen
Plätzen strebte die wandernde Hauptstadt des Kaisers, und der Hofstaat schlug hier seine zahllosen
Zelte auf. Wenn jener lebensspendende Ort von Korn
und Getreide ratzekahl gegessen worden war, packte
der Hofstaat die Zelte zusammen und zog, den Meldungen des allgegenwärtigen Geheimdienstes folgend,
weiter in eine andere mit reicher Ernte gesegnete
Provinz. Unsere jetzige Hauptstadt Addis Abeba

war die letzte Raststätte des wandernden Hofes von Kaiser Menelik, der an dieser Stelle eine Stadt und den ersten der drei Paläste, die heute die Stadt schmücken, erbauen ließ.

In der Wanderperiode war eines der Zelte, ein schwarzes, das Gefängnis. Dort wurden die Leute festgehalten, die man besonders staatsgefährdender Verbrechen verdächtigte. Damals hielt der Kaiser, der in einem verhängten Käfig saß, weil kein Sterblicher sein strahlendes Antlitz sehen durfte, vor dem schwarzen Zelt die Stunde des Gerichtes ab. Unser Herr hingegen kam seiner Pflicht als Oberster Richter in einem eigens dafür errichteten Gebäude neben dem Hauptpalast nach. Auf einem Podest stehend, hörte der mildtätige Herr den Fall an, wie ihn die beiden Parteien vorbrachten, und sprach dann das Urteil. Das folgt der Prozedur, die vor dreitausend Jahren der König der Israeliten, Salomon, eingeführt hatte, von dem sich — wie ein Verfassungsgesetz feststellt — unser gütiger Herr in direkter Linie ableitet. Die Urteile, die der Monarch an Ort und Stelle verkündete, waren unwiderruflich und endgültig und wurden, wenn es sich um die Todesstrafe handelte, sofort vollzogen. Diese Strafe fiel auf das Haupt der Verschwörer, die gottlos und ohne den Bannstrahl zu fürchten, nach der Macht griffen. Aber wenn irgendein armseliger Wicht — sei es durch ein Versehen der Wache, sei es dank seiner erstaunlichen Schläue — vor das Antlitz des Obersten Richters gelangte und in seinem Flehen um Gerechtigkeit die Notabeln denunzierte, die ihn unterdrückten, dann bekam er die volle Güte des Herrn zu spüren. Der Herr befahl, diese Notabeln zu strafen, und am nächsten Tag, zur Stunde der Geldschatulle, ließ er dem Geschädigten von Aba Hanna eine schöne Summe auszahlen.

M.:
Um dreizehn Uhr verließ der ehrwürdige Herr den Alten Palast und begab sich in den Jubiläumspalast — seine Residenz — zum Mittagsmahl. Der Kaiser wurde begleitet von den Mitgliedern der höchsten Familie und den Würdenträgern, die zu diesem Anlaß eingeladen worden waren. Der Alte Palast leerte sich rasch, Stille herrschte in den Gängen, und die Wachen machten ihr Mittagsschläfchen.

Es kommt, es kommt...

Viele Menschen haben Angst vor Stürzen. Aber Stürze passieren selbst den besten Eiskunstläufern; wir begegnen ihnen auch im täglichen Leben. Schmerzlos stürzen will gelernt sein. Worin besteht ein schmerzloser Sturz? Es ist ein gelenkter Sturz, das heißt, nachdem wir die Balance verloren haben, lenken wir den Körper in jene Richtung, in der uns der Fall am wenigsten anhaben kann. Im Fallen lockern wir die Muskeln und rollen uns zusammen, wobei wir den Kopf schützen. Wenn man aber um jeden Preis vermeiden möchte, hinzufallen, kann das oft zu sehr schmerzhaften Stürzen im letzten Moment führen, ohne Vorbereitung.
Z. Osinski, W. Starosta
Eisschnell- und Eiskunstlauf

Es werden zu viele Gesetze gemacht und zu wenige Beispiele gegeben.
Saint-Just

Es gibt Personen im Staat, von denen man nichts anderes weiß, als daß sie nicht beleidigt werden können.
Karl Kraus, *Beim Wort genommen*

Die Höflinge aller Epochen verspüren ein einziges großes Bedürfnis: so zu sprechen, daß sie nichts sagen.
Stendhal, *Racine und Shakespeare*

Sie liefen hinter dem Nichts her und wurden selbst zu nichts.
Jeremias, 2.5.

Selbst wenn ihr noch etwas Gutes vollbringen würdet, sitzt ihr schon zu lange hier. Ich sage euch also — geht, wir wollen euch loswerden.
Cromwell zu den Mitgliedern des Langen Parlaments

F. U-H.: Ja, das war im Jahre 1960. Ein schreckliches Jahr, mein Freund. Ein böswilliger Wurm begann an der gesunden und saftigen Frucht unseres Kaiserreiches zu nagen, und alles nahm einen derart fatalen und zerstörerischen Verlauf, daß aus dieser Frucht schließlich kein Saft, sondern leider Blut floß. Laßt die Flagge auf halbmast wehen und uns die Häupter senken. Laßt uns die Hand aufs Herz legen. Heute wissen wir, daß das der Anfang vom Ende war — was später folgte, war unabänderlich vorherbestimmt.

Ich diente damals dem erhabenen Herrn als Beamter im Ministerium für Zeremonien, in der Abteilung für Gefolge. In den nicht einmal fünf Jahren, die ich eifrig und fehlerlos diente, erfuhr ich so viele Kränkungen, daß ich vollständig weiß wurde! Das kam daher, daß jedesmal, wenn unser Herr ins Ausland aufbrach oder Addis Abeba verließ, um eine Provinz mit seiner Anwesenheit zu beehren, im Palast ein hitziger und gnadenloser Kampf um die Teilnahme im kaiserlichen Gefolge entbrannte. Dieser Kampf verlief immer in zwei Runden. In der ersten Runde lieferten sich unsere Notabeln und Prominenten erbitterte Zweikämpfe allein um die Aufnahme ins

Gefolge. In der zweiten Runde rangen die Sieger der Ausscheidungsrunde gegeneinander um einen ehrenvollen Platz möglichst vorn im Ehrengeleit. Die Spitze des Gefolges, die ersten Reihen, bereiteten uns Beamten keine Schwierigkeiten, denn diese Reihen wählte allein der gütige Herr selbst aus. Seine jeweilige Entscheidung wurde uns dann vom Adjutanten des Kaisers über das Kabinett des Oberhofmeisters des Zeremoniells zur Kenntnis gebracht. Die Spitze bildeten die Mitglieder der kaiserlichen Familie und des Kronrates, begünstigte Minister und jene Würdenträger, die unser Herr lieber in seiner Nähe wußte, da er sie verdächtigte, sie könnten in seiner Abwesenheit in der Hauptstadt eine Verschwörung anzetteln. Auch beim Festlegen der letzten Reihen des Gefolges, die von den Leibwächtern, Köchen, Polsterträgern, Leibdienern, Säckelträgern, Geschenkträgern, Hundeführern, Thronträgern, Lakaien und Kammerzofen gebildet wurden, gab es für uns keine Komplikationen. Aber zwischen der Spitze und den letzten Reihen klaffte eine Lücke, und in diesen leeren Raum versuchten sich die Günstlinge und Hofleute zu drängen. Wir, die Beamten der Abteilung für Gefolge, lebten wie zwischen zwei Mühlsteinen, immer in der Furcht, daß einer uns zerquetschen könne. Es war nämlich unsere Aufgabe, die vorgeschlagenen Namen auf eine Liste zu setzen und diese nach oben weiterzuleiten. Gegen uns stürmte daher die Menge der Günstlinge und attackierte uns mit Bitten und Drohungen. Die einen wehklagten, die anderen schworen uns Rache, dieser versprach uns sein Wohlwollen, jener steckte uns Geld zu, einer suchte uns mit goldenen Bergen zu locken, ein anderer drohte, uns zu denunzieren. Pausenlos riefen die hohen Gönner der Höflinge an, und jeder verlangte, daß wir seinen Mann auf die Liste setzten, wobei er seine Worte mit wütenden Drohungen unterstrich. Aber das konnte man den hohen Gönnern nicht einmal übelnehmen, denn sie selbst standen ja auch unter Druck, sie wurden von unten her gedrängt und gestoßen, und sie stießen und drängten auch untereinander, denn welche Schande, wenn der eine Gönner seinen Schützling unterbrachte und der andere nicht. So setzten sich die Mühlsteine in Bewegung, und wir Beamten vom Gefolge mußten zusehen, wie unser Haar weiß wurde. Jeder einzelne der mächtigen Gönner konnte uns zu Mus zerquetschen, aber war es denn unsere Schuld, wenn wir nicht dem ganzen Kaiserreich einen Platz im Gefolge zuweisen konnten?

Und wenn sich endlich alle irgendwie hineingepreßt hatten und die Liste halbwegs Gestalt annahm, begann das Stoßen und Ringen und Überholen von neuem, wieder brachen Zwistigkeiten und Kämpfe aus. Denn wer weiter unten auf der Liste stand, wollte höher hinauf, Nummer dreiundvierzig wollte auf Platz sechsundzwanzig, Nummer achtundsiebzig hatte ein Auge auf die Position von Zweiunddreißig geworfen, Siebenundfünfzig drängte sich durch bis Nummer neunundzwanzig, Siebenundsechzig schoß vor auf Platz vierunddreißig, Einundvierzig räumte Dreißig aus dem Weg, wer Platz sechsundzwanzig hatte, war überzeugt, ihm gebühre zweiundzwanzig,

Vierundfünfzig beneidete Sechsundvierzig, Neununddreißig pirschte vor bis Platz sechsundzwanzig, Dreiundsechzig boxte sich den Weg durch bis Position neunundvierzig, und so strebten alle nach oben, immer nach oben. Im Palast brodelte es, die Menschen waren wie von Sinnen, in den Gängen herrschte ein Jagen, die Cliquen waren mit ständigen Beratungen beschäftigt, und der ganze Hof hatte nichts anderes im Sinn als die Liste. Bis endlich die Kunde durch die Salons und Büroräume ging, daß der ehrwürdige Herr die Liste gehört, unwiderrufliche Korrekturen angebracht und schließlich mit einem Kopfnicken für gut befunden hatte. Jetzt konnte man nichts mehr ändern, und jeder wußte, woran er war. An der Art, wie die Menschen jetzt gingen und sprachen, konnte man auf einen Blick erkennen, wer in das kaiserliche Gefolge berufen worden war; aus diesem Anlaß entstand gleich eine, wenn auch kurzlebige, Gefolgs-Hierarchie, die neben der Audienz-Hierarchie und der Hierarchie der Titel existierte. In unserem Palast gab es ein ganzes Büschel, eine Garbe von Hierarchien, und wenn man von einem Halm abrutschte, konnte man einen anderen packen und sich wieder hinaufziehen, und so fand jeder irgendeine Befriedigung und konnte sich stolz in die Brust werfen. Wer auf die Liste gesetzt worden war, von dem sagten die anderen, erfüllt von Bewunderung und Neid: »Schaut, der wird im Gefolge dabeisein!« Und wenn ihm diese Auszeichnung oft zuteil wurde, dann nannte man diesen Würdenträger einen ehrenvollen Gefolgsveteranen.

Die Kämpfe um die Gefolgsplätze nahmen sofort an Intensität zu, wenn unser Herr eine Auslandsreise machte, von der man reiche Geschenke und prächtige Auszeichnungen mitbringen konnte. Und damals, im Jahre 1960, machte sich unser Herr gerade nach Brasilien auf. Am Hof wurde geflüstert, es gäbe dort üppige Festbankette, Einkaufsbummel und Gelegenheiten, sich die Taschen zu füllen. Es begann daher ein derartiger Wettkampf um die Plätze im Gefolge, ein derartig hitziges und tapferes Ringen, daß niemand bemerkte, wie im Herzen des Palastes eine schändliche Verschwörung ausgeheckt wurde. Aber hat es wirklich niemand bemerkt, mein Freund? Später sollte sich herausstellen, daß Makonen Habte-Wald schon sehr früh von der Sache Wind bekommen hatte. Er hatte etwas gerochen, die Spur aufgenommen und Meldung erstattet.

Eine seltsame Figur, dieser selige Makonen. Minister und Auserwählter mit so vielen Audienzen beim Kaiser, wie er nur wollte, ein wirklicher Liebling unseres Herrn, gleichzeitig aber ein Würdenträger, der nie daran dachte, seinen Beutel vollzustopfen. Unser Herr liebte zwar keine Heiligen in seiner nächsten Umgebung, ihm aber verzieh er diese Schwäche, denn er wußte, daß dieser verschrobene Günstling keine Zeit hatte, sich zu bereichern, weil er von einem einzigen Gedanken besessen war: wie er am besten dem Kaiser dienen könnte. Makonen, mein Freund, war ein Asket der Macht, ein Opfer des Palastes. Er trug einen alten Anzug, lenkte einen alten Volkswagen, bewohnte ein altes Haus. Der gütige Herr liebte seine ganze, aus den untersten Tiefen des einfachen Volkes stammende Familie und berief einen seiner Brüder, Aklilu, auf den Posten des Premierministers, und einen anderen, Akalu, ernannte er zum Minister. Makonen selbst war auch Minister für Industrie und Handel, aber mit diesem Amt beschäftigte er sich nur ungern und selten. Die meiste Zeit widmete er dem Ausbau seines privaten Spitzelnetzes, für das er auch sein ganzes Geld ausgab. Makonen schuf einen Staat im Staat. Er hatte seine Leute in jeder Institution sitzen, in den Ämtern, der Armee, bei der Polizei. Er war Tag und Nacht damit beschäftigt, Spitzelberichte zu sammeln und zu ordnen, er schlief nur wenig, sein Gesicht war abgezehrt, und er glich einem Schatten. Er verbrannte sich für diese Tätigkeit, aber er verbrannte sich schweigend und im geheimen, ohne Pomp und Trara, grau, übellaunig, im Zwielicht verborgen, selber wie Zwielicht. Er versuchte, sich tief in die anderen Geheimdienste hineinzuwühlen, da er dort Dolch und Verrat roch; und — wie sich dann herausstellte — sein Geruchssinn hatte ihn nicht getrogen, was wiederum unseren Herrn bestätigt, der meint, wenn man nur gut genug schnüffle, dann stinke es überall. Ja . . .

Weiter sagt er mir, im Schrank von Makonen, im privaten Aktenschrank dieses fanatischen Sammlers von Spitzelberichten, sei die Akte von Germame Neway plötzlich angeschwollen. Er sagt, das Leben der Akten sei seltsam. Es gebe welche, die jahrelang auf den Regalen vegetierten, schmal und verblichen, wie getrocknete Blätter, verschlossen, mit Staub bedeckt, in Vergessenheit den Tag erwartend, an dem sie schließlich, unberührt zerrissen und ins Feuer geworfen würden. Dies seien die Akten der loyalen Menschen, die ein vorbildliches und dem Kaiser gefälliges Leben geführt hätten. Öffnen wir einmal die Rubrik »Aktivitäten«: nichts Negatives. Schlagen wir die Rubrik »Äußerungen« auf: keine einzige Seite. Sagen wir, eine Seite, aber auf diese hat der Minister, auf Anweisung des Herrn, mit großen Lettern »fatina bere« geschrieben, das heißt, ein Tintenklecks. Das bedeutet, daß unser Herr die Eintragung als Schnitzer eines jungen Mitarbeiters von Makonen betrachtet, der erst lernen muß, wann und wen man denunzieren darf. Da ist also eine Eintragung, aber sie ist ungültig, wie ein verfallener Wechsel.

Es kommt aber auch vor, daß eine Akte, die jahrelang dünn und vergilbt dahinmoderte, plötzlich zum Leben erwacht, an Umfang zunimmt, dick wird. So eine Akte beginnt übel zu riechen. Es ist derselbe Geruch, der von Orten ausgeht, wo eine illoyale Handlung verübt wurde. Für diesen Geruch hat Makonen einen empfindlichen, gut trainierten Geruchssinn. Er verfolgt die Spur und verstärkt die Überwachung. Oft endet das Leben so einer Akte, die sich plötzlich bewegt und anschwillt, ebenso gewaltsam wie das Leben ihres Titelhelden. Beide verschwinden — der Titelheld aus der Welt und die Akte aus dem Schrank von Makonen.

Es herrscht eine umgekehrte Proportionalität zwischen dem Unfang der Akten und jenem der Menschen. Wer sich gegen den Palast auflehnt, verliert an Gewicht und siecht dahin, seine Akte hingegen wird dick und fett. Wer aber loyal ist und in behäbiger Würde an der Seite des Herrn Gunst gewinnt, dessen Akte ist dünn wie die Haut einer Blase. Ich habe erwähnt, daß Makonen bemerkte, wie die Akte von Germame Neway plötzlich anschwoll. Germame entstammte einer noblen, loyalen Famile, und als er die Schule beendet hatte, war er von unserem gütigen Herrn mit einem Stipendium in die Vereinigten Staaten geschickt worden. Dort schloß er das Universitätsstudium ab und kehrte dann, mit dreißig Jahren, in die Heimat zurück. Hier sollte er noch sechs Jahre leben.

A. W.: Germame! Germame, Mister Richard, gehört zu jenen treulosen Menschen, die sich an den Kopf griffen, als sie in die Heimat zurückkehrten. Aber sie griffen sich im verborgenen an den Kopf, nach außen hin legten sie Loyalität an den Tag und sagten das, was man im Palast von ihnen erwartete. Und der ehrwürdige Herr — ach, wie ich ihm das heute vorwerfe! — ließ sich davon einlullen. Als Germame vor ihm stand, schaute ihn der huldreiche Herr mit gütigen Augen an und ernannte ihn zum Gouverneur einer Region in der südlichen Provinz Sidamo. Dort gibt es gute Erde, und die Kaffeesträucher tragen reiche Früchte. Als die Ernennung bekannt wurde, sagten alle im Palast, unser allmächtiger Herrscher habe dem jungen Menschen den Weg zu den höchsten Ehren geebnet.

Germame reiste mit dem kaiserlichen Segen ab, und anfangs war alles ruhig. Jetzt hätte er nur mehr geduldig warten müssen — und Geduld war eine Tugend, die im Palast hochgeschätzt wurde —, bis der gütige Herr ihn zu sich berief und eine Stufe höher rückte. Aber nein! Es verging einige Zeit, und aus Sidamo kamen Notabeln in die Hauptstadt gereist.

Sie kamen und trieben sich um den Palast herum und sondierten bei Cousins und Freunden vorsichtig das Gelände, ob es geraten sei, den Gouverneur beim Herrn zu denunzieren. Seine Obrigkeit zu denunzieren, Mister Richard, ist eine delikate Angelegenheit. Man kann nicht so einfach aus vollem Rohr drauflosfeuern, ins Blaue hinein, denn es könnte sich erweisen, daß der Gouverneur im Palast einen mächtigen Gönner hat. Dieser könnte in Wut geraten und die Notabeln für Unruhestifter halten und sie vielleicht sogar tadeln. Sie gingen daher zuerst ganz behutsam vor, ließen hier ein Wort fallen, machten dort eine Andeutung, dann wurden sie mutiger, obwohl alles immer noch informell blieb, und erzählten, nur so, um Gesprächspausen zu füllen, Germame nehme Bestechungsgelder und baue damit Schulen.

Sie müssen sich die Sorge dieser Notabeln vergegenwärtigen. Denn es ist ja verständlich, daß ein Gouverneur Tribut nimmt; alle Notabeln nehmen Tribut. Macht gebiert Geld, so war das seit Anfang der Welt. Aber jetzt kommt die Abnormität: Der Gouverneur gibt den Tribut für Schulen aus. Das Beispiel der Führung ist aber ein Befehl für die Untergebenen, das bedeutet, daß alle Notabeln ihren Tribut für Schulen hergeben müßten! Spinnen wir den schrecklichen Gedanken noch für kurze Zeit weiter, und nehmen wir an, in einer anderen Provinz tauche ein zweiter Germame auf und beginne ebenfalls, seine Schmiergelder für öffentliche Zwecke auszugeben. Gleich haben wir einen Aufstand der Notabeln gegen das Prinzip, wonach sie ihre Schmiergelder abliefern müßten, und schließlich — das Ende des Kaiserreiches. Eine schöne Perspektive: Es beginnt mit ein paar Groschen und endet mit dem Sturz der Monarchie. O nein! Alle im Palast riefen »O nein!«

Aber eines ist seltsam, Mister Richard, unser ehrwürdiger Herr nämlich sagte gar nichts. Er hörte sich alles nur an, sagte aber kein Wort. Er schwieg, und das bedeutete, daß er Germame noch eine Chance geben wollte. Aber dieser fand nicht mehr auf den rechten Pfad des Gehorsams zurück. Nach einiger Zeit tauchten neuerlich die Notablen von Sidamo in der Hauptstadt auf. Sie brachten einen Bericht mit, daß Germame zu weit gegangen sei: Er hatte begonnen, brachliegende Felder unter den landlosen Bauern zu verteilen, das heißt, er vergriff sich am Privateigentum. Es stellte sich heraus, daß Germame ein Kommunist war. Oh, das ist etwas Furchtbares, mein lieber Herr. Heute verteilt er brachliegende Felder, morgen nimmt er den Großgrundbesitzern Land weg, er beginnt mit dem Besitz der Reichen und endet mit den kaiserlichen Gütern! Nun konnte der gütige Herr nicht länger schweigen. Germame wurde zur Stunde der Ernennung in die Hauptstadt gerufen und als Gouverneur nach Jijiga geschickt, wo es keinen Boden zu verteilen gibt, weil dort nur Nomaden leben. Während der Zeremonie erlaubte sich Germame ein Vergehen, das den erhabenen Herrn zur größten Wachsamkeit hätte mahnen sollen: Nachdem er seine Ernennung vernommen hatte, küßte er dem Monarchen nicht die Hand. Leider ...

W*eiter meint er, Germame habe eben damals begonnen, eine Verschwörung auszuhecken. Er haßt diesen Menschen, gleichzeitig aber bewundert er ihn. Germame hatte etwas an sich, was andere anzog. Einen brennenden Glauben, Überzeugungsgabe, Mut, Entschlossenheit, Scharfsinn. Dank dieser Eigenschaften hob sich seine Gestalt von der grauen, servilen und ängstlichen Masse der Jasager und Speichellecker ab, die den Palast bevölkerte. Die erste Person, die Germame für seinen Plan gewann, war sein älterer Bruder, General Mengistu Neway, Chef der kaiserlichen Garde, ein Offizier von furchtlosem Charakter und ungewöhnlich gutem männlichen Aussehen. Dann weihten die beiden Brüder den Kommandanten der kaiserlichen Polizei, General Tsigue Dibou, und wenig später auch den Chef der Palastwache, Oberst Workneh Gebayehu, sowie weitere Persönlichkeiten aus der unmittelbaren Umgebung des Kaisers in die Verschwörung ein. Sie handelten in tiefster Konspiration und bildeten einen Revolutionsrat, der zum Zeitpunkt des Putsches vierundzwanzig Personen umfaßte. Die meisten waren Offiziere der Kaiserlichen Elitegarde und des Palast-Geheimdienstes. Der Älteste in der Gruppe war Men-*

gistu, der damals vierundvierzig war, aber ihr Führer blieb bis zum Ende der jüngere Germame.

Er meint, Makonen habe schon damals Wind von der Sache bekommen und dem Kaiser Meldung erstattet. Haile Selassie habe daraufhin Oberst Workneh zu sich gerufen und ihn gefragt, ob das stimme, aber dieser habe geantwortet: »Keineswegs.« Workneh gehörte zu den »persönlichen Leuten«, der Kaiser hatte ihn direkt aus den untersten Schichten des Volkes in die Salons des Palastes emporgehoben, und er setzte grenzloses Vertrauen in ihn. Vielleicht war Workneh überhaupt der einzige Mensch, auf den der Kaiser sich wirklich verließ, und sei es vielleicht auch aus einer gewissen psychischen Bequemlichkeit heraus. Es ist nämlich ungemein anstrengend, absolut jedermann zu verdächtigen, man braucht jemanden, dem man vertrauen kann, um sich bei ihm zu entspannen. Der Kaiser verwarf aber auch noch aus einem anderen Grund die Berichte von Makonen: Er verdächtigte damals nicht die Brüder Neway, sondern den Würdenträger Endelkachew der Verschwörung, der zu jener Zeit eine liberale Schwäche an den Tag zu legen schien; seine Gewissenhaftigkeit ließ nach, er war verdrießlich und irgendwie niedergeschlagen. Auf Grund dieses Argwohns nahm der Kaiser Endelkachew in seinem Gefolge nach Brasilien mit, um ihn dort im Auge behalten zu können.

Mein Informant erinnert daran, daß sich der genaue Ablauf, der späteren Ereignisse in den Aussagen finde, die General Mengistu später vor dem Kriegsgericht abgelegt hat. Nach dem Abflug des Kaisers verteilte Mengistu unter die Offiziere seiner Garde Pistolen und befahl ihnen, auf weitere Befehle zu warten. Das war am Dienstag, den dreizehnten Dezember. Am Abend desselben Tages versammelten sich die Familie von Haile Selassie und eine Gruppe höchster Würdenträger in der Residenz von Kaiserin Menen. Als sie sich zu Tisch setzten, kam ein Bote von Mengistu mit der Nachricht, der Kaiser sei während des Flugs schwer erkrankt, er liege im Sterben, und alle Anwesenden sollten in den Palast kommen, um die Situation zu besprechen. Nachdem sie eingetroffen waren, wurden sie verhaftet. Zur selben Zeit führten die Offiziere der Garde in den Residenzen anderer Würdenträger Verhaftungen durch. Aber wie das in einer erregten Situation oft passiert, wurden viele Notabeln vergessen. Manchen gelang die Flucht aus der Hauptstadt, andere konnten sich in den Häusern von Freunden verstecken. Dazu kommt, daß die Verschwörer die Telefonleitungen zu spät unterbrachen und die Leute des Kaisers daher Gelegenheit hatten, sich untereinander zu verständigen und zu organisieren. Vor allem gelang es ihnen, noch in derselben Nacht über die britische Botschaft Haile Selassie vom Staatsstreich in Kenntnis zu setzen. Haile Selassie brach sofort seinen Besuch ab und machte sich auf den Heimweg, ohne sich aber zu beeilen. Er wollte warten, bis die Revolution von selbst scheiterte. Am nächsten Tag zu Mittag verlas der älteste Sohn des Monarchen und Thronfolger, Asfa Wossen, im Namen der Rebellen eine Proklamation über den Rundfunk. Asfa Wossen war ein Schwächling, leicht zu beeinflussen und ohne eigene Meinung. Zwischen dem Vater und ihm herrschte keine große Liebe, man munkelte sogar, der Kaiser zweifle daran, daß er tatsächlich sein Sohn sei. Die Daten seiner Reisen und der Termin der glücklichen Niederkunft der Kaiserin mit dem ersten Stammhalter schienen ihm irgendwie nicht übereinzustimmen. Später sollte sich der sechsundvierzigjährige Herr vor seinem gestrengen Vater damit rechtzufertigen versuchen, daß ihn die Aufrührer mit vorgehaltener Pistole gezwungen hätten, die Proklamation zu lesen. »In den letzten paar Jahren« — so las Asfa Wossen, was Germame ihm aufgeschrieben hatte — »herrschte in Äthiopien Stagnation. Unter den Bauern, Kaufleuten, Beamten, in der Armee und der Polizei, in der lernenden Jugend und überhaupt in der ganzen Gesellschaft hat sich ein Gefühl der Unzufriedenheit und Enttäuschung breitgemacht ... Auf keinem Gebiet ist ein Fortschritt zu sehen. Das ist darauf zurückzuführen, daß sich eine Handvoll Würdenträger in ihrem Egoismus und Nepotismus abkapselt, statt für das Wohl der Allgemeinheit zu arbeiten. Das Volk von Äthiopien hat mit Sehnsucht den Tag erwartet, an dem Elend und Rückständigkeit der Kampf angesagt werden, aber von den zahllosen Versprechen ist keines eingelöst worden. Keine andere Nation hat so vieles geduldig ertragen ...« Asfa Wossen verkündete die Bildung einer Volksregierung mit seiner Person an der Spitze. Aber damals besaßen nur wenige Menschen ein Radio, und so verhallte die Proklamation ungehört. In der Stadt war alles ruhig. Die Märkte florierten, und auf den Straßen herrschten wie immer Verkehr und Unordnung. Die meisten hatten gar nichts gehört, andere wußten nicht recht, was sie von dem Ganzen halten sollten. Sie betrachteten es als eine Angelegenheit des Palastes, und der Palast war immer unzugänglich, unerreichbar, undurchdringlich, unverständlich gewesen — für sie lag er auf einem anderen Planeten.

Noch am selben Tag flog Haile Selassie nach Monrovia und nahm Funkkontakt mit seinem Schwiegersohn, General Abiye Abebe, dem Gouverneur von Eritrea, auf. In der Zwischenzeit hatte sich der Schwiegersohn bereits mit einer Gruppe Generäle in Verbindung gesetzt, die von Stützpunkten um die Hauptstadt herum einen Angriff auf die Verschwörer vorbereitete. An der Spitze dieser Gruppe standen die Generäle Merid Mengesha, Assefa Ayena und Kebede Gebre, alle mit dem Kaiser verwandt. Mein Informant erläutert, der Putsch wäre von der Garde durchgeführt worden, und zwischen Garde und Armee hätte es einen tiefen Antagonismus gegeben. Die Garde war aufgeklärt und gut bezahlt, die Armee ignorant und arm. Jetzt nützten die Generäle diese Gegensätze aus, um die Armee gegen die Garde aufzubringen. Sie erzählten den Soldaten, die Gardisten wollten die Macht ergreifen, um dann sie, die Gardisten, ausbeuten zu können. Was sie sagen, ist zynisch, aber die Armee läßt sich überzeugen. Die Soldaten rufen »Wir wollen für den Kaiser sterben!« Große Begeisterung herrscht in den Truppenteilen, die wenig später in den Tod gehen sollen.

Am Donnerstag, dem dritten Tag des Putsches, erreichen die Regimenter unter der Führung der loyalen Generäle die Vorstädte. Zögern im Lager der Aufständischen. Mengistu erteilt nicht den Befehl zur Verteidigung der Hauptstadt, er möchte Blutvergießen vermeiden. In der Stadt ist es noch ruhig, der Verkehr normal.

Am Himmel kreist ein Flugzeug, das Zettel abwirft. Auf den Zetteln steht der Text des Bannfluchs, den Patriarch Basilios, das Oberhaupt der Kirche und ein Freund des Kaisers, gegen die Aufrührer geschleudert hat. Der Kaiser fliegt von Monrovia (Liberia) nach Fort Lamy (Tschad). Er bekommt von seinem Schwiegersohn Nachricht, daß er Asmara anfliegen kann. In Asmara herrscht Ruhe, alle warten ergeben. Aber in der DC-6 des Monarchen fällt ein Motor aus; er beschließt, mit drei Motoren weiterzufliegen. Zu Mittag kommt Mengistu auf die Universität und trifft sich mit den Studenten. Er zeigt ihnen ein Stückchen trockenes Brot. »Das«, so sagt er, »haben wir heute den höchsten Würdenträgern zu essen gegeben, damit sie einmal erfahren, wovon sich unser Volk ernährt.« Er sagt: »Ihr müßt uns helfen.« In der Stadt brechen Schießereien aus. Die Schlacht um Addis Abeba beginnt. In den Straßen kommen Hunderte von Menschen ums Leben.
Freitag, der sechzehnte Dezember, ist der letzte Tag des Putsches. Seit dem Morgen toben die Kämpfe zwischen den Truppen der Armee und der Garde. Am Nachmittag beginnt der Sturm auf den Palast, in dem sich der Revolutionsrat verschanzt hat. Den Sturm führen Panzerbataillone unter dem Kommando des kaiserlichen Schwiegersohnes Kapitän Dereji Haile-Mariam. »Hunde, ergebt euch!« — ruft der Kapitän aus einem Panzerturm. Er fällt, niedergemäht von der Salve eines Maschinengewehrs. Im Palast explodieren Artilleriegranaten. Die Gänge sind erfüllt von Detonationen, Rauch und Flammen. Eine weitere Verteidigung ist unmöglich. Die Aufständischen stürmen in den Grünen

Salon, wo seit Dienstag die Würdenträger aus dem kaiserlichen Gefolge gefangengehalten werden, und eröffnen das Feuer auf sie. Achtzehn Menschen aus der nächsten Umgebung des Kaisers werden getötet. Jetzt ziehen sich die Führer des Umsturzes und versprengte Abteilungen der Garde aus dem Palastgelände zurück und fliehen aus der Stadt in Richtung des von Eukalyptuswäldern bedeckten Hügels Entoto. Der Abend bricht herein. Das Flugzeug mit dem Kaiser an Bord landet in Asmara.

A. W.: Oh, an jenem Tag des Gerichts, Mister Richard, lieferte unser loyales und unterwürfiges Volk einen herzerwärmenden Beweis für seine Liebe zum erhabenen Herrn. Als nämlich die aufs Haupt geschlagenen Verräter den Palast aufgaben und in die nahen Wälder flüchteten, setzte ihnen der von unserem Patriarchen aufgestachelte Pöbel flugs nach. Er verfügte zwar über keine Panzer und keine Geschütze, mein Freund, aber jeder packte, was ihm in die Hand fiel, und nahm die Verfolgung auf. Stöcke, Steine, Spieße, Dolche, alles kam da zum Einsatz. Die Leute von der Straße, die unser großzügiger Herr immer so reich mit Almosen beschenkt hatte, zogen voll Wut und grimmiger Entschlossenheit aus, um die verdrehten Köpfe der Verleumder und Rebellen einzuschlagen, die es gewagt hatten, ihnen ihren Gott zu nehmen und sie was auch immer für einem Leben auszuliefern. Denn wenn unser Herr nicht mehr wäre, wer würde dann Almosen unter sie verteilen und sie mit tröstlichen Worten erquicken?

Auf der blutigen Jagd nach den Fliehenden folgten den Städtern die Dorfleute auf den Fersen; die Bauern aus der Umgebung ergriffen, was ihnen unterkam, der einen Knüppel, jener ein Messer, und warfen sich mit

Flüchen auf den Lippen gegen die Lästerer in den Kampf, um die Schmach zu rächen, die unser guter Herr erlitten hatte. Umzingelte Gruppen von Gardisten setzten sich in den Wäldern zur Wehr, solange die Munition reichte, dann ergab sich ein Teil, und ein Teil fand unter den Händen der Soldaten und des Plebs den Tod. Drei-, vielleicht auch fünftausend Menschen landeten im Gefängnis, aber mindestens ebenso viele wurden zur Freude der Hyänen und Schakale, die von weit her gekommen waren, um in den Wäldern nach Beute zu suchen, erschlagen. Noch lange Zeit später heulten und lachten die Wälder die ganze Nacht hindurch.

Diejenigen aber, mein Freund, die an der Würde des strahlenden Herrn gekratzt hatten, fuhren direkt zur Hölle hinab. General Dibou zum Beispiel, der noch während des Sturmes auf den Palast gefallen war; seine Leiche hängte der Straßenpöbel dann am Tor der Ersten Division auf. Später stellte sich heraus, daß es Oberst Workneh nach seiner Flucht aus dem Palast gelungen war, sich bis in die Vorstädte durchzukämpfen; dort aber wurde er gestellt. Die Leute wollten ihn lebendig in die Hand bekommen, aber er, Mister Richard, gab nicht auf. Er schoß bis zum Schluß, tötete noch ein paar Soldaten, und als er nur mehr eine Kugel übrig hatte, steckte er den Lauf seiner Pistole in den Mund, drückte ab und fiel tot zu Boden. Sein Körper wurde auf einem Baum vor der Kathedrale des heiligen Georg aufgeknüpft. Es ist seltsam, aber unser Herr wollte es nie wahrhaben, daß Workneh ihn tatsächlich verraten hatte. Man flüsterte später, er habe noch Monate danach Diener in sein Schlafgemach gerufen und ihnen aufgetragen, den Oberst zu holen.

Von Asmara nach Addis Abeba flog unser Herr Samstag abend, als in der Stadt noch geschossen wurde. Auf den Plätzen fanden die Hinrichtungen der Verräter statt. Das Gesicht unseres Monarchen war von Sorge, Erschöpfung und auch Trauer über die erfahrene Kränkung gezeichnet. Er fuhr in seinem Wagen, inmitten einer Kolonne von Panzern und Panzerfahrzeugen. Die ganze Stadt strömte zusammen, um ihm demütig und flehentlich zu huldigen. Alle knieten im Staub und schlugen die Stirn aufs Pflaster; ich kniete auch in der Menge und hörte das Jammern, Weinen und Seufzen und Klagen. Keiner wagte es, dem erhabenen Herrn ins Antlitz zu blicken; beim Eingang zum Palast kniete Prinz Kassa und küßte die Schuhe des Kaisers, obwohl er unschuldig war, denn er hatte gekämpft und reine Hände. Noch in derselben Nacht ließ der Allmächtige Herrscher seine geliebten Löwen erschießen, weil sie die Verräter hereingelassen hatten, statt den Palast zu verteidigen.

Und jetzt fragst du nach Germame. Dieser böse Geist entkam, zusammen mit seinem Bruder und einem Kapitän der kaiserlichen Garde, einem gewissen Baye, aus der Stadt und hielt sich noch eine Woche versteckt. Sie konnten sich nur in der Nacht fortbewegen, weil alles nach ihnen suchte — auf ihre Köpfe war nämlich eine Belohnung von fünftausend Dollar ausgesetzt worden, und das war eine Menge Geld. Vermutlich wollten sie sich nach Süden durchschlagen und über die Grenze nach Kenia gelangen. Aber nach einer Woche im Busch, nach einigen Tagen ohne Essen und halb ohnmächtig vor Durst, weil sie nicht gewagt hatten, in ein Dorf zu schleichen, um Nahrung und Wasser aufzutreiben, wurden sie von Bauern entdeckt, die die ganze Gegend nach ihnen abgesucht hatten. In diesem Moment beschloß Germame, so sollte Mengistu später aussagen, ein Ende zu machen. Germame, sagte er, habe begriffen, daß er der Geschichte einen Schritt vorausgeeilt sei, er sei den anderen voraus gewesen; wer aber die Geschichte mit der Waffe in der Hand um einen Schritt überhole, der müsse sterben. Und wahrscheinlich hatte er schon vorher für diesen Fall geplant, daß sie sich selbst den Tod gaben. Denn als die Bauern vorstürmten, um sie gefangenzunehmen, schoß Germame zuerst auf Baye, dann auf seinen Bruder, und schließlich erschoß er sich selbst.

Die Bauern dachten, sie seien um ihre Belohnung geprellt worden, denn diese war für lebendige Gefangene ausgesetzt, aber hier, mein Freund, lagen drei Leichen. Doch nur Germame und Baye waren wirklich tot. Mengistu lag mit blutüberströmtem Gesicht auf dem Boden, aber er lebte noch. Sie schafften alle rasch in die Hauptstadt und brachten Mengistu ins Spital. Unser Herr wurde verständigt, und nachdem er den Bericht angehört hatte, sagte er, er wolle den Leichnam Germames sehen. Um seinem Wunsch zu entsprechen, wurden die beiden Toten zum Palast gebracht und auf die Stufen vor dem Eingang geworfen. Der gütige Herr trat aus dem Palast, stand da und schaute lang auf den Leichnam, der vor seinen Füßen lag. Er stand und starrte und sagte kein Wort. Dann zuckte er, zog sich in das Gebäude zurück und befahl den Lakaien, die Türen zu schließen. Später sah ich die Leiche von Germame auf einem Baum vor der Kathedrale des heiligen Georg hängen. Eine Menge hatte sich darum gesammelt, die den Verräter verhöhnte, Beifall klatschte und in rohe Rufe ausbrach. Blieb noch Mengistu. Nachdem er das Spital verlassen hatte, wurde er vor ein Kriegsgericht gestellt. Während der Verhandlung hielt er sich tapfer und zeigte, entgegen den Sitten des Palastes, keine Reue; er versuchte auch nicht, den ehrwürdigen Herrn um Gnade zu bitten.

Er sagte, er fürchte den Tod nicht, denn seit dem Moment, da er beschlossen habe, gegen das Unrecht zu kämpfen und einen Staatsstreich zu machen, habe er damit gerechnet, umzukommen. Er sagte, sie hätten eine Revolution versucht, und da er diese nicht mehr erleben würde, sei er bereit, sein Blut zu opfern, damit daraus der grüne Baum der Gerechtigkeit sprießen könne. Er wurde am dreißigsten März, früh am Morgen, am Hauptplatz gehenkt. Zusammen mit ihm sechs weitere Offiziere der Garde. Mengistu schaute nicht mehr aus wie er selbst. Der Schuß seines Bruders hatte ein Auge herausgerissen und das ganze Gesicht entstellt, das jetzt von einem schwarzen, struppigen Bart bedeckt war. Das zweite Auge wurde durch den Druck der Schlinge aus der Höhle gequetscht.

Sie sagen, in den ersten Tagen nach der Rückkehr des Kaisers habe im Palast ungewöhnlicher Betrieb geherrscht. Putzmänner scheuerten die Böden und kratzten die eingesickerten Blutflecken vom Parkett. Lakaien nahmen die zerrissenen und angebrannten Portieren ab, Lastwagen führten ganze Haufen von zerbrochenen Möbeln und Kisten mit leeren Granaten weg, Glaser setzten neue Scheiben und Spiegel ein, Maurer verputzten die von Kugeln zerlöcherten Wände. Langsam verzog sich der Brandgeruch und Pulverdampf. Noch lange später fanden die feierlichen Begräbnisse derjenigen statt, die, bis zum Ende loyal, ihr Leben gegeben hatten; zur selben Zeit wurden die Leichen der Aufständischen im Schutz der Nacht an unbekannten, versteckten Orten verscharrt. Die meisten Opfer waren zufällig ums Leben gekommen. Während der Straßenkämpfe waren Hunderte gaffende Kinder, Frauen auf dem Weg zum Markt, Männer, die zur Arbeit gingen oder müßig in der Sonne flanierten, getötet worden. Jetzt waren die Schießereien verstummt, und Militär patrouillierte durch die Straßen der Stadt, die erst viel später, nachdem alles vorüber war, den Schrecken und Schock zu spüren schien. Sie erzählen auch, daß Wo-

chen erschreckender Verhaftungen, quälender Nachforschungen, brutaler Verhöre folgten. Unsicherheit und Furcht regierten; die Menschen flüsterten und klatschten, sie beredeten die Details des Putsches und schmückten sie aus, soweit ihre Phantasie und ihr Mut das erlaubten. Aber das alles geschah im verborgenen, denn jede Diskussion der jüngsten Ereignisse war offiziell streng verboten, und die Polizei — über die man sich nie lustig machen soll, selbst dann nicht, wenn sie das selbst herausfordert (und das war jetzt bestimmt nicht der Fall!) — wurde noch gefährlicher und tüchtiger als sonst, weil sie sich von dem Vorwurf reinigen wollte, sie habe sich an der Verschwörung beteiligt. Es gab auch genug Willige, die die Polizeistationen mit immer neuen verängstigten Kunden versorgten. Alle warteten, was der Kaiser tun und welche Erklärung er jetzt abgeben würde. Nach seiner Rückkehr in die verschreckte und vom Stigma des Verrats gezeichnete Hauptstadt hatte er seinem Schmerz und seinem Mitleid für die Handvoll Schafe Ausdruck verliehen, die sich von der Herde entfernt und in der steinigen und blutgetränkten Wüste vom Weg abgekommen waren.

G. O-E.: Es war immer ein Zeichen sträflicher Frechheit und anstößigen Verhaltens gewesen, wenn jemand dem Kaiser in die Augen geblickt hatte. Nach all dem aber, was nun geschehen war, hätte nicht einmal der größte Wagehals im Palast solches versucht. Alle waren beschämt, weil sie es überhaupt zu einer Verschwörung hatten kommen lassen, und fürchteten den gerechten Zorn des Herrn. Und diese halb beschämte, halb ängstliche Unfähigkeit, einem anderen in die Augen zu schauen, zeigte jetzt jeder jedem gegenüber. Anfangs wußte keiner, woran er war, das heißt, wen der erhabene Herr anerkennen und wen er von sich weisen würde, wessen Loyalität er annehmen und wessen er ablehnen, wem er sein Ohr leihen und wen er aus seinem Gesichtskreis verbannen würde. Daher scheute sich jeder, dem anderen in die Augen zu schauen, und der ganze Palast schaute nicht, guckte nicht, äugte zu Boden, linste zur Decke hinauf, betrachtete seine Schuhspitzen, ließ die Blicke aus dem Fenster schweifen. Denn wenn ich jetzt jemanden genauer ins Auge gefaßt hätte, wäre der gleich unruhig geworden und hätte sich argwöhnisch gefragt: »Was glotzt mich der so an? Wessen verdächtigt er mich?

Was hat er gegen mich?« Auch wenn ich ihn völlig unschuldig musterte, aus reiner Neugierde oder nur so, gedankenverloren — er würde nicht an Unschuld und Neugierde glauben, sondern gleich eine Anschuldigung wittern und alles Erdenkliche unternehmen, um sich von dem Verdacht reinzuwaschen. Wie aber konnte man sich zu jener Zeit reinwaschen, ohne einen anderen anzuschwärzen, von dem wir vermuteten, daß er uns anschwärzen wollte?

Schon ein Blick war eine Provokation und Erpressung, jeder hatte Angst, aufzuschauen und irgendwo, Gott behüte, in der Luft, in einer Ecke, hinter einer Gardine, in einem Spalt das stählerne Blitzen eines feindlichen Auges zu sehen. Und immer noch hing die bange Frage — »Wer ist schuld? Wer hat konspiriert?« — wie eine dunkle Gewitterwolke über dem Palast. Eigentlich waren alle verdächtig, und völlig zu Recht, denn waren es nicht drei der engsten Vertrauten des Herrn gewesen, die ihm die Waffe an die Schläfe gesetzt hatten? Dabei hatte er sie wie seine eigenen Söhne behandelt und war stolz auf sie gewesen. Mengistu, Workneh und Dibou gehörten zu den wenigen Auserwählten, die immer Zutritt zum erhabenen Herrn gehabt und sogar, wenn es erforderlich war, das einzigartige Recht besessen hatten, sein Schlafgemach zu betreten und ihn zu wecken! Stell dir einmal vor, lieber Freund, mit welchen Gefühlen der gütige Herr sich von nun an ins Bett legte. Er war nie sicher, ob er am nächsten Morgen überhaupt noch erwachen würde. Ach, welch elende Bürden, welche Mißlichkeiten die Macht mit sich bringt!

Wie aber hätten wir uns vor dem Verdacht retten können? Es gibt keine Befreiung von einem Verdacht. Jedes Benehmen, jede Handlung weckt neuen Verdacht und verstrickt uns immer tiefer. Wir beginnen uns zu rechtfertigen, aber was hilft das! gleich fragt man, »Mein Sohn, warum rechtfertigst du dich? Du mußt ein schlechtes Gewissen haben, möchtest vielleicht etwas verbergen, daß du dich so eifrig rechtfertigst.« Oder wir sind aktiv und zeigen guten Willen — gleich heißt es: »Warum gibt er so an? Er möchte offenbar seine Niederträchtigkeit verbergen, seine schändliche Absicht; er überlegt, wie er uns auflauern könnte.« Das ist also auch schlecht, vielleicht noch schlechter. Wie schon gesagt, wir standen alle unter Verdacht, wurden alle verleumdet, obwohl unser gnadenreichster Herr nicht ein Wort offen sagte — aber der Verdacht war in seinen Augen zu lesen, in der Art, wie er die Untertanen musterte, so daß jeder sich krümmte, zu Boden warf und angsterfüllt dachte: »Ich bin angeklagt!« Die Luft wurde schwer und dick, es herrschte Tiefdruck, entmutigend, lähmend, als wären einem die Flügel gebrochen, als wäre etwas in uns zersprungen.

Unser scharfsichtiger Herr wußte, daß nach so einem Schock manche Leute in Verbitterung, Trübsinn und Einsilbigkeit versinken, sie würden ihren Schwung verlieren und schwanken und fragen, zweifeln und murren, schwach werden und verfallen — und daher begann er im Palast eine Säuberung. Es war keine momentane und vollständige Säuberung, denn der ehrwürdige Herr liebte keine gottlose und lärmende Heftigkeit, sondern eher ein Wechsel in kleinen, wohlüberlegten Dosen, der die eingesessenen Würdenträger in Schach und ständiger Angst halten, gleichzeitig aber neue Leute in den Palast bringen sollte. Das waren Leute, die ein gutes Leben und eine steile Karriere suchten. Sie kamen von überall her und wurden von den vertrauten Statthaltern des Kaisers in den Palast gelotst. Die Aristokraten der Hauptstadt kannten die neuen Leute nicht und verachteten sie wegen ihrer niedrigen Geburt, ungehobelten Manieren und krausen Denkart, und diese wiederum fürchteten und haßten die großstädtischen Salons. Sie formten rasch eine eigene Clique, die sich eng um die Person des strahlenden Herrn scharte. Die huldvolle Gnade des erhabenen Herrschers erfüllte sie mit einem Gefühl der Allmacht — dieses war berauschend, aber gleichzeitig gefährlich, wenn einer aufdringlich die abendliche Atmosphäre der aristokratischen Salons störte oder der dort versammelten Gesellschaft allzu lange lästig fiel. Um einen Salon zu erobern, braucht es viel Weisheit und Takt. Weisheit oder Maschinengewehre, wie du dich jetzt überzeugen kannst, lieber Freund, wenn du dich in unserer gemarterten Stadt umschaust.

Die »persönlichen Menschen«, die unser Herr selbst ausgewählt hatte, füllten langsam die Ämter des Palastes, obwohl die Mitglieder des Kronrates unzufrieden murrten; sie sahen in den neuen Günstlingen drittklassige Menschen, in keiner Hinsicht geeignet, in den ehrenvollen Dienst des Königs der Könige berufen zu werden. Aber ihr Murren war nur ein

Beweis für die peinliche Naivität dieser hohen Würdenträger, die eine Schwäche zu entdecken glaubten, wo unser Herr eine Stärke sah, die das Prinzip der Kräftigung durch Erniedrigung nicht begriffen und schon wieder das Feuer vergessen hatten, das von Leuten entfacht worden war, die seit langem hohe Ehren genossen, sich jetzt aber als schwach erwiesen hatten.

Ein wichtiges und nützliches Merkmal der neuen Leute war das Fehlen jeglicher Vergangenheit — sie hatten nie Komplotte geschmiedet, schleppten keine räudigen Schwänze hinter sich her und mußten nichts ängstlich im Futter ihrer Kleider verbergen; sie hatten noch nie von Verschwörungen gehört, und wie denn auch, da unser Herr doch verboten hatte, die Geschichte Äthiopiens niederzuschreiben? Zu jung und in entfernten Provinzen aufgewachsen, konnten sie nicht wissen, daß unser Herr selbst durch eine Verschwörung an die Macht gekommen war; im Jahre neunzehnhundertsechzehn hatte er mit Unterstützung westlicher Botschafter einen Staatsstreich durchgeführt und den legalen Thronfolger, Lij Yasu, aus dem Weg geräumt. Sie konnten nicht wissen, daß er angesichts der italienischen Invasion öffentlich gelobt hatte, sein Blut für Äthiopien zu vergießen, und dann, als die Eroberer einmarschierten, mit dem Schiff nach England gefahren war, um den Krieg über im friedlichen Städtchen Bath zu sitzen. Daß er später so einen Komplex gegen die Partisanenführer entwickelt hatte, die im Land geblieben waren und gegen die Italiener gekämpft hatten, daß er sie nach seiner Rückkehr auf den Thron einen nach dem anderen liquidierte oder absetzte, während er die Kollaboranten mit Gunstbezeigungen überhäufte. Daß er auf diese Weise auch den großen Führer Betwoded Negash beseitigt hatte, der in den fünfziger Jahren gegen den Kaiser aufgestanden war und eine Republik ausrufen wollte. Noch viele andere Ereignisse kommen mir in den Sinn, aber im Palast durfte man über diese Dinge nicht sprechen, und die neuen Leute hatten, wie ich schon sagte, keine blasse Ahnung davon. Und sie zeigten sich auch gar nicht besonders wißbegierig. Da sie keine früheren Verbindungen besaßen, war ihre einzige Daseinschance die Bindung zum Thron. Der Kaiser war ihr einziger Schutz. Auf diese Weise rief der strahlende Herr eine Kraft ins Leben, die in den letzten Jahren seiner Herrschaft den Thron stützte, den Germame angesägt hatte.

Z. S-K.:
... und die Säuberung dauerte fort, und uns alte Beamte des Palastes überfiel jeden Tag, wenn wir hinter unseren Schreibtischen die Stunde der Ernennung — und daher auch Absetzung — erwarteten, ein großes Zittern. Jeder saß an seinem Schreibtisch und zitterte um sein Schicksal, bereit, alles zu tun, damit man ihm nur nicht dieses Möbelstück unter den Ellbogen wegzog. Während des Prozesses gegen Mengistu machte sich hinter den Schreibtischen die Angst breit, er könnte uns alle der Beteiligung an der Verschwörung beschuldigen. Schon eine ganz kleine

Beteiligung, ein heimliches Beifallklatschen, wurde jetzt mit dem Strick geahndet. Als daher Mengistu, ohne jemand zu verraten, seine Lippen bis zum Tag des Jüngsten Gerichts schloß, stieg hinter den Schreibtischen ein geflügelter Seufzer der Erleichterung auf. Aber statt der Furcht vor dem Galgen quälte uns bald eine neue Furcht — vor der Säuberung, der persönlichen Vernichtung. Unser gütiger Herr warf die Menschen jetzt nicht mehr ins Verlies, sondern schickte sie einfach aus dem Palast nach Hause — und verurteilte sie damit zur Nichtexistenz. Bis zu diesem Augenblick war man ein Mann des Palastes gewesen, eine prominente Persönlichkeit, in aller Munde, einflußreich, geehrt und von allen gehört, und erst das alles verlieh einem das Gefühl, zu existieren und mit beiden Beinen in der Welt zu stehen, ein volles und nützliches Leben zu führen. Dann ruft dich unser Herr in der Stunde der Ernennung auf und schickt dich nach Hause. Für immer. Innerhalb einer Sekunde verschwindet alles, und du hörst auf, zu sein. Keiner spricht mehr von dir, keiner bringt dich in Vorschlag, keiner achtet dich. Du wiederholst dieselben Worte, die du gestern gesagt hast — aber gestern haben alle ehrfürchtig gelauscht, und heute ignorieren sie dich. Auf der Straße gehen die Menschen gleichgültig an dir vorüber, und du weißt, daß selbst der kleinste Beamte aus der Provinz dich zum Teufel jagen kann. Unser Herr hat dich in ein schwaches, wehrloses Kind verwandelt und in eine Horde von Schakalen geworfen. Zeig, was du kannst!

Und was ist, wenn sie jetzt, Gott behüte, noch eine Untersuchung einleiten, herumschnüffeln, herumkratzen? Dabei glaube ich manchmal fast, es wäre besser, sie würden ein bißchen kratzen. Wenn sie nämlich an dir zu kratzen beginnen, dann existierst du doch wieder, wenn auch negativ, verurteilt und verdammt, aber du existierst; du versinkst nicht mehr und steckst den Kopf aus dem Wasser, und sie sagen: »Schau an, den gibt es auch noch!« Was bliebe anderenfalls? Entbehrlichkeit, Nichtigkeit, Zweifel, ob du überhaupt gelebt hast. Daher herrschte im Palast so eine Angst vor dem Abgrund, daß jeder versuchte, sich an unseren Herrn zu klammern, und niemand bemerkte, daß der ganze Hofstaat — wenn auch mit Würde und langsam — auf den Rand des Abgrunds zuglitt.

P. M.:
... und tatsächlich, mein Freund, von dem Moment an, da Rauch über dem Palast aufstieg, brach eine Art »Minushaftigkeit« über uns herein. Ich kann schwer beschreiben, worin sie besteht, aber überall spürte man diese »Minushaftigkeit«. In den Gesichtern der Menschen, die irgendwie geschrumpft und leer waren, ohne Licht und Energie, in dem, was sie machten und wie sie es machten, was sie sagten, ohne etwas zu sagen, in ihrem abwesenden Dasein, verdorrt und ausgeronnen, in ihrer erloschenen Existenz, ihrem kleinkarierten Denken, ihrem Schrebergarten-Jäten, ihrer Vernachlässigung und Dumpfheit, in der ganzen Atmosphäre rundum, der regsamen Reglosig-

keit des Alltags, im Klima, dem Getrippel — überall war die »Minushaftigkeit« zu verspüren, die uns umhüllte.

Und obwohl der Kaiser weiter dekretierte und machte, früh aufstand und nicht ruhte, war am Ende alles minus, denn seit dem Tag, da Germame sein Leben ausgehaucht hatte und sein Bruder am Hauptplatz gehenkt worden war, begann zwischen Menschen und Dingen ein Minus-System zu wirken. Als hätten die Menschen die Macht über die Dinge verloren, die in ihrer eigenwilligen, boshaften Art existierten und gleichzeitig nicht existierten und den Menschen durch die Finger glitten. Jeder war machtlos angesichts der magischen Kraft, mit der die Dinge eigenmächtig auftauchten und wieder verschwanden, und keiner vermochte den Bann zu durchbrechen. Und dieses Gefühl der Hilflosigkeit, des ständigen Verlierens und des Zurückfallens trieb sie alle immer tiefer in diese »Minushaftigkeit«. Sie dämmerten vor sich hin und grübelten in sich hinein. Selbst die Gespräche wurden lahm und verloren an Kraft und Schwung. Die Gespräche begannen, aber sie schienen nie richtig zu enden. Sie erreichten immer einen unsichtbaren, aber deutlich spürbaren Punkt, an dem alle in Schweigen versanken, und das Schweigen sagte, alles sei schon bekannt und klar, aber klar in einem undurchsichtigen Sinn, undurchschaubar und lähmend. Nachdem dies durch einen Moment Schweigen bekräftigt worden war, änderte das Gespräch die Richtung und ging über zu einem neuen Thema, einem banalen, nebensächlichen, läppischen Thema.

Der Palast sank, und wir spürten es alle, die Veteranen des erhabenen Herrn, die das Schicksal vor der Säuberung bewahrt hatte; wir spürten, wie die Temperatur fiel, das Leben in Ritualen erstickte, immer mehr Papier, Banalitäten, Minushaftigkeit.

D*ann sagt er, der Kaiser hätte zwar den Staatsstreich vom Dezember als ungeschehen betrachtet und das Thema nie mehr erwähnt, dennoch hätte der Putsch der Gebrüder Neway immer verheerendere Folgen für den Palast gezeitigt. Je mehr Zeit verstrich, um so stärker, nicht schwächer, waren die Folgen des Putsches zu spüren, und sie zogen immer neue Veränderungen im Leben des Hofes und unseres Reiches nach sich. Nachdem er einmal so einen Schlag erhalten hatte, sollte der Palast nie mehr zu einer wahren, beschaulichen Ruhe finden. Langsam veränderte sich auch in der Stadt die Lage. In den Geheimberichten der Polizei tauchten erste Erwähnungen von Unruhen auf. Zum Glück handelte es sich dabei — wie er sagt — noch nicht um Unruhen in einem großen, revolutionären Maßstab, zuerst war es nur ein Zittern, ein schwaches Beben, dunkles Murren, Flüstern und Kichern, eine ungewöhnliche Schwerfälligkeit in den Menschen, Herumlungern, sich sinken Lassen, Unordnung — und in dem allen kam eine gewisse Verweigerung zum Ausdruck. Er gesteht, es wäre kaum möglich gewesen, auf Grund dieser Berichte scharfe Ordnungsmaßnahmen zu ergreifen; die Berichte hätten unbestimmt und sogar erfreulich unschuldig geklungen; sie hätten lediglich fest-

gestellt, daß etwas in der Luft liege, nicht aber, was und wo — wohin aber sollte man ohne präzise Angaben die Panzer schicken, in welche Richtung das Feuer lenken? Wie die Berichte meist meldeten, sei das Murmeln und Wispern von der Universität gekommen — der neuen und einzigen Hochschule im Lande —, in der auch, keiner wußte, woher, skeptische und unfreundliche Individuen auftauchten, die nichts Besseres zu tun hatten, als böswillige und unbestätigte Verleumdungen zu verbreiten, nur um dem Kaiser noch mehr Sorgen zu machen. Weiterhin sagt er, der Kaiser habe sich trotz seines fortgeschrittenen Alters einen verblüffenden Weitblick bewahrt und lange vor seiner Umgebung begriffen, daß neue Zeiten aufzogen und man sich zusammenreißen und die Dinge aktualisieren, antreiben, angleichen müsse. Man müsse angleichen und sogar überholen. Er beharrt darauf: Ja, sogar überholen! Er gibt zu — heute könne man darüber sprechen —, daß ein Teil des Palastes diese Ambitionen mit Mißfallen betrachtete und hinter dem Rücken des Herrn flüsterte, man sollte — statt der Versuchung dieser zweifelhaften Neuerungen und Reformen nachzugeben — lieber die westlichen Neigungen der Jugend stutzen und die Idee, daß unser Land anders aussehen und verändert werden müsse, verbieten.

Der Kaiser schenkte aber weder dem Murren der Aristokraten noch dem Wispern der Universität Gehör, denn er hielt alle Extreme für schädlich und unnatürlich. Er ließ sich wie immer von seiner angeborenen Besonnenheit und Voraussicht leiten, erweiterte den Bereich seiner Macht und begann sich mit neuen Gebie-

ten zu beschäftigen. Diese Beschäftigung manifestierte sich in der Einführung neuer Amtsstunden, von vier bis sieben Uhr nachmittags: die Stunde der Entwicklung, die Internationale Stunde und die Militär- und Polizeistunde. Zum gleichen Zweck rief der Kaiser auch die entsprechenden Ministerien und Ämter, Delegationen, Filialen, Vertretungen und Kommissionen ins Leben, in die er scharenweise neue Leute setzte, die wohlerzogen, ergeben und loyal waren. Eine neue Generation von Günstlingen, die rasch die Karriereleiter hinaufsteigen wollte, strömte in den Palast. Das war Anfang der sechziger Jahre, erinnert sich P. M.

P. M.: Eine Manie erfaßte diese verrückte und unzurechnungsfähige Welt, mein guter Freund: die Manie, sich zu entwickeln. Alle wollen sich entwickeln! Jeder denkt nur darüber nach, wie er sich entwickeln könne, aber nicht auf gewöhnliche Art, nach dem göttlichen Gesetz, dem zufolge der Mensch geboren wird, sich entwickelt und stirbt; o nein, jeder möchte sich außergewöhnlich entwickeln, dynamisch und kräftig, so daß alle ihn bestaunen und beneiden, über ihn reden, den Kopf schütteln. Keiner weiß, woher das gekommen ist. Die Menschen wurden von einem Herdentrieb erfaßt, einer verblendeten Gier, und es genügte, daß sich irgendwo am anderen Ende der Welt jemand entwickelte — gleich wollten alle sich entwickeln. Sofort schreien, stürmen und begehren sie, man möge sie auch entwickeln, emporheben, gleichstellen — und es genügt, mein Freund, dieses Geschrei zu ignorieren, um Meutereien, empörte Proteste, Umstürze, Negationen, Frustrationen und Demonstrationen am Hals zu haben. Aber unser Kaiserreich hatte doch Hunderte, ja, Tausende von Jahren ohne nennenswerte Entwicklung existiert, und immer waren die Herrscher verehrt und vergöttert worden. Die Kaiser

Zera Jakob, Towodros und Johannes, sie alle waren wie Götter verehrt worden. Und niemandem wäre es damals in den Sinn gekommen, sich vor dem Monarchen zu Boden zu werfen und ihn anzuflehen, er möge ihn bitte entwickeln.

Aber die Welt begann sich zu ändern, und in seiner angeborenen Unfehlbarkeit registrierte unser ehrwürdiger Herr diese Veränderung, und er billigte sie großzügig, denn er vermochte die Vorteile und Schönheiten der teuren Neuheit zu sehen. Er hatte immer eine gewisse Schwäche für den Fortschritt verspürt, ja, er liebte ihn geradezu; daher erwachte auch diesmal in ihm der allergütigste Wunsch, etwas zu tun, damit ihn nach Jahren ein sattes und zufriedenes Volk hochleben lasse: »Hej, der hat uns aber entwickelt!« Aus diesem Grund zeichnete sich unser Herr in der Stunde der Entwicklung — zwischen vier und fünf Uhr nachmittags — durch besondere Lebhaftigkeit und brillanten Einfallsreichtum aus. Er empfing Scharen von Planern, Ökonomen, Finanzleuten diskutierte, fragte, ermutigte und lobte. Die einen planten, die anderen bauten, mit einem Wort, es begann eine richtige Entwicklung. Unser unermüdlicher Herr fuhr durch das Land, hier eröffnete er eine neue Brücke, dort ein Gebäude oder einen Flughafen, und alles erhielt seinen Namen: die Haile-Selassie-Brücke im Ogaden, das Haile-Selassie-Spital in Harar, die Haile-Selassie-Halle in der Hauptstadt, alles, was da entstand, trug den Namen des Kaisers. Er legte auch Grundsteine, beaufsichtigte den Baufortschritt, durchschnitt Bänder, warf den Motor des ersten Traktors an, und überall diskutierte, fragte, ermutigte und lobte er, wie ich schon sagte. Im Palast wurde eine Karte der Entwicklung des Kaiserreiches aufgehängt — der erhabene Herr brauchte nur ein Knöpfchen zu drücken, und schon leuchteten kleine Lampen, Pfeile, Sterne und Punkte, und alles blinkte und blitzte, daß die Augen der Würdenträger vor Freude lachten, obwohl manche darin auch einen Beweis für die fortschreitende Schrulligkeit des Monarchen zu entdecken glaubten. Aber die vielen ausländischen Delegationen, sei es aus Afrika oder von anderen Kontinenten, waren hellauf begeistert von dieser Karte, und sie lauschten andächtig den Erläuterungen des Monarchen, was die einzelnen Lämpchen, Pfeile, Sterne und Punkte bedeuteten, und dann diskutierten, fragten, ermutigten und lobten sie.

Und so wäre das noch Jahre dahingegangen, zum Ergötzen unseres strahlenden Herrn und seiner Würdenträger, wären da nicht unsere aufsässigen Studenten gewesen, die seit dem Tod von Germame immer frecher das Maul aufrissen, schreckliche Geschichten erzählten und unverständliche und beleidigende Worte gegen den Palast schleuderten. Statt dem Herrn für das Geschenk der Aufklärung zu danken, wagten sich diese Grünschnäbel immer weiter in die trüben und verräterischen Wasser der Schmähungen und Umtriebe hinaus. Es ist leider eine traurige Wahrheit, mein Freund, daß die Studenten dem Palast Demagogie und Verlogenheit vorwarfen, statt unseren Herrn zu preisen, weil er das Kaiserreich auf den Weg der Entwicklung geführt hatte. Wie kann von Entwicklung die Rede sein, sagten sie, wenn die Armut zum Himmel schreit! Was ist das für eine Entwicklung, wenn die Nation bis zum Hals im Elend steckt, ganze Provinzen verhungern, die wenigsten zumindest ein Paar Schuhe besitzen, nur eine Handvoll Untertanen lesen und schreiben kann; wer ernstlich erkrankt, der ist dem Tod geweiht, denn es gibt weder Spitäler noch Ärzte, rundherum nur Rückständigkeit, Barbarei, Erniedrigung, Unterdrückung, Despotie, Ausbeutung und Verzweiflung, und in dieser Tonart fuhren sie fort, lieber Besucher. Sie schimpften und lästerten und wurden mit der Zeit immer frecher, sie protestierten immer schärfer dagegen, die Dinge zu verzuckern und schönzufärben, und sie nützten die Gutherzigkeit unseres ehrwürdigen Herrn weidlich aus, der nur ganz selten in das aufrührerische Gesindel schießen ließ, das von Jahr zu Jahr in größerer Zahl aus den Toren der Universität hervorquoll.

Schließlich gingen sie so weit, ihre vermessenen Reformwünsche vorzutragen. Eine Entwicklung, so verkündeten sie, sei ohne Reformen unmöglich. Man müsse den Bauern Land geben, die Privilegien abschaffen und das Land von der ausländischen Vorherrschaft befreien. Von welcher Vorherrschaft, frage ich Sie, wir waren doch unabhängig. Seit dreitausend Jahren waren wir ein unabhängiger Staat! Da sehen Sie, wie sinnlos und leichtfertig dieses Gefasel war! Und wie soll man überhaupt reformieren, frage ich Sie, wie reformieren, ohne daß alles zusammenbricht? Wie soll man etwas anfassen, ohne daß es unter der

Hand zerfällt? Aber hat einer von denen sich je diese Frage gestellt? Andererseits ist es auch schwierig, gleichzeitig zu entwickeln und alle Mäuler zu füllen — woher soll man dafür das Geld nehmen? Niemand rennt auf der Welt herum und schmeißt mit Dollars um sich. Das Kaiserreich produzierte wenig und konnte nicht viel Handel treiben. Wie sollte man da die Schatzkammern füllen? Das war ein Problem, das unser allmächtiger Herrscher mit inniger Güte und Sorge bedachte; seine lebhafte Aufmerksamkeit diesem Problem gegenüber brachte er unablässig in der Internationalen Stunde zum Ausdruck.

T.:
Wie wundervoll das internationale Leben doch ist! Man braucht sich nur unsere Besuche in Erinnerung zu rufen: Flughäfen, Begrüßungen, Blumenregen, Umarmungen, Orchester, jeder Moment protokollarisch auf Hochglanz poliert, und dann: Limousinen, Empfänge, Trinksprüche, aufgeschrieben und übersetzt, Galen und Glanz, Ehrungen, vertrauliche Gespräche, weltumfassende Themen, Etikette, Prunk, Geschenke, Appartements, schließlich auch Ermüdung, selbstverständlich, nach einem ganzen Tag auch Ermüdung, aber auch die imponierend und entspannend, würdig, ehrend und repräsentabel, mit einem Wort — international! Und am nächsten Morgen: Besichtigungen, Kinder streicheln, Geschenke empfangen, Wirbel, Programm, Spannung — aber angenehm und erbaulich, eine Spannung, die von den Sorgen des Palastes befreite, für einen Moment die

kaiserlichen Kümmernisse in den Hintergrund treten und Petitionen, Cliquen und Verschwörungen vergessen ließ. Aber selbst wenn unser Herr von den Gastgebern aufs prunkvollste bewirtet und von den Blitzlichtern angestrahlt wurde, versäumte er nicht, nach Telegrammen zu fragen, wie es im Kaiserreich stehe, was das Budget mache, was die Armee und was die Studenten so trieben. Sogar ich, der Erste in der sechsten Zehnerreihe des achten Ranges der neunten Gruppe im kaiserlichen Gefolge, genoß die Glanzlichter der weiten Welt in vollen Zügen.

Es ist dir vielleicht aufgefallen, mein Freund, daß unser Herr eine besondere Vorliebe für Auslandsreisen an den Tag legte. Schon im Jahre neunzehnhundertvierundzwanzig beehrte unser huldreicher Herrscher die europäischen Länder mit seinem Besuch; er war überhaupt der erste Herrscher in unserer Geschichte, der die Grenzen des Kaiserreiches überschritt. Die Reiselust lag irgendwie in seiner Familie — er hatte sie offenbar vom Vater geerbt, dem verblichenen Prinzen Makonen, der von Kaiser Menelik mehrmals ins Ausland geschickt worden war, um mit ausländischen Regierungen Verhandlungen zu führen. Aber ich muß sagen, daß unser Herr diese Vorliebe nie verloren hat; obwohl die meisten Menschen im höheren Alter lieber zu Hause bleiben, reiste unser unermüdlicher Herrscher mit den Jahren mehr und mehr, visitierte und besuchte selbst die fernsten Länder und war so oft außer Landes, daß boshafte ausländische Journalisten ihn den fliegenden Botschafter Äthiopiens nannten und fragten, wann er endlich seinem eigenen Land einen Besuch abstatten würde. Ich glaube, es ist jetzt der richtige Moment, mein Freund, gemeinsam unserem Zorn über die Anmaßung, ja, Quengelei der ausländischen Zeitungen Luft zu machen, die zu jeder Bosheit bereit sind und sich mit dem größten Vergnügen in unsere inneren Angelegenheiten einmischen, statt sich der Sache der gegenseitigen Annäherung und Verständigung zu widmen.

Ich frage mich jetzt, weshalb der erhabene Herr, trotz der schweren Bürde seiner Jahre, so oft auf Reisen ging. An allem ist nur die rebellische Überheblichkeit der Gebrüder Neway schuld, die für immer die beschauliche Ruhe unseres Reiches zerstörten, indem sie in ihrer gottlosen Art darauf hinweisen, wie rückständig dieses Reich sei und wie weit es hinter allen anderen nachhinke. Ein paar Journalisten haben das aufgeschnappt und unseren Herrn dann angeschwärzt. Das fiel wieder den Studenten in die Hände, die es lasen, obwohl niemand sagen kann, wie es in ihre Hände gelangte, denn unser allergnädigster Herr hatte die Einfuhr von allen Verleumdungen streng verboten; es kam zu Auftritten, kritischen Reden, Geschwätz über Rückständigkeit und Entwicklung. Aber unser Herr hatte selbst den Finger am Puls der Zeit und befahl unmittelbar nach jener blutigen und für unser Reich so erniedrigenden Revolte aus eigenem Antrieb eine umfassende Entwicklung. Nachdem das getan war, blieb ihm nichts anderes übrig, als sich auf die Wanderschaft von einer fremden Hauptstadt zur nächsten zu machen, um Hilfe, Kredite und Kapital zu erbitten, denn unser Land war bloßfüßig und zerlumpt, und der Kaiser hatte leere Taschen. Unser Herr ließ jetzt die Studenten seine Überlegenheit fühlen, indem er ihnen zeigte, daß sehr wohl eine Entwicklung ohne Reform möglich ist. Wie ist sie möglich, wirst du nun fragen, mein Freund. Ganz einfach. Wenn man fremdes Kapital bekommt, um damit Fabriken zu bauen, kann man auf Reformen verzichten. Und bitte schön — unser Herr ließ Reformen nicht zu, aber es wurden Fabriken errichtet; es wurde gebaut, und das bedeutet, es gab eine Entwicklung. Du brauchst nur aus der Innenstadt in Richtung Debre Zeit zu fahren, da steht eine Fabrik neben der anderen, alle modern und automatisch!

Jetzt aber, da unser Herr seine Tage schon in so unziemlicher Einsamkeit beschlossen hat, kann ich ruhig sagen, daß auch ich mir Gedanken über die kaiserlichen Reisen und Besuche gemacht hatte. Unser Herr schaute tiefer und genauer als irgendeiner von uns. Und er hat gesehen, daß etwas dem Ende zugeht und er zu alt ist, die hereinbrechende Lawine aufzuhalten. Er wurde älter und immer schwächer. Müder, erschöpfter. Immer öfter bedurfte er einer Erleichterung und Entspannung. Und die Auslandsreisen bedeuteten eine Ablenkung, er konnte aufatmen, Luft schöpfen und zumindest für den Augenblick die Spitzelberichte vergessen; er brauchte nicht die heiseren Rufe der Demonstranten und die Schüsse der Polizei zu hören und mußte nicht in die Gesichter der Schmeichler und Speichellecker schauen. Für einen einzigen Tag zumindest verlangte niemand von ihm, er solle das Unlösbare lösen, das Irreparable reparieren und das Unheilbare heilen. In diesen fernen Ländern konspirierte niemand gegen ihn, keiner schärfte den tödlichen Stahl, er mußte niemanden hängen. Er konnte sich ruhig schlafen legen, in der Gewißheit, lebendig zu erwachen; er konnte sich mit einem befreundeten Präsidenten zusammensetzen und ein ruhiges Gespräch führen, von Mann zu Mann. O ja, mein Freund, das internationale Leben hat schon seinen Wert. Wäre denn ohne dieses Leben die Bürde der Herrschaft heute überhaupt noch erträglich? Wo denn soll ein Mensch Anerkennung und Verständnis suchen, wenn nicht in der weiten Welt, in fremden Ländern, in den vertrauten Gesprächen mit anderen Herrschern, die über unser Jammern in mitfühlende Klagen ausbrechen, weil sie selbst ähnliche Sorgen und Kümmernisse haben?

Aber das alles schaute ein bißchen anders aus, als ich es jetzt beschreibe. Da wir nun schon diesen Grad der Ehrlichkeit erreicht haben, können wir zugeben, daß unser Wohltäter in den letzten Jahren seiner Herrschaft immer weniger Erfolge und immer mehr Probleme zu verzeichnen hatte. Trotz aller Bemühungen mehrten sich die Leistungen des Monarchen nicht, wie aber kann man sich in der heutigen Welt ohne Leistungen rechtfertigen? Gewiß, man kann schwindeln, alles doppelt zählen, interpretieren, aber dann würden sich gleich die Umstürzler zu Wort melden und mit Verleumdungen um sich werfen, und es herrschte nun einmal zu jener Zeit schon so eine

Perfidie und Sittenlosigkeit, daß eher den Verleumdern als den Thronreden Glauben geschenkt wurde. Unser allmächtiger Herrscher zog es daher vor, ins Ausland zu fahren, um dort Konflikte zu schlichten, Entwicklungspläne zu wälzen, befreundete Präsidenten auf den rechten Weg zu führen, seiner Sorge über das Schicksal der Menschheit Ausdruck zu verleihen — damit wurde er einerseits die lästigen Sorgen im eigenen Land los und andererseits heimste er reichen Lohn in Form von glanzvollen Ehrungen und freundlichen Lobreden anderer Regierungen und anderer Königshäuser ein. Man darf nicht vergessen, daß unser Herr ungeachtet der Mühen eines so langen Lebens selbst in den Momenten der schwersten Heimsuchungen und Enttäuschungen den Kampf nie verlorengab; trotz aller Müdigkeit und des Bedürfnisses, entschädigt zu werden, dachte er nie daran, den Thron aufzugeben, im Gegenteil, je höher sich die Probleme türmten und je zahlreicher die Opposition wurde, um so genauer hielt er die Stunde der Armee und der Polizei ein, in deren Verlauf er die Fundamente des Kaiserreiches und die Ordnung festigte.

B. H.:
Zunächst möchte ich betonen, daß unser Herr als höchste Person im Staat über dem Gesetz stand — da er selbst die einzige Quelle des Gesetzes darstellte, war er nicht an seine Normen und Verordnungen gebunden. Er war der Höchste in allem, was existierte, was Gott oder die Menschen geschaffen hatten, und daher war er auch der oberste Befehlshaber der

Armee und höchste Inspektor der Polizei. Diese Funktionen verlangten besondere Sorgfalt und größte Gewissenhaftigkeit, denn die Dezemberereignisse hatten uns vor Augen geführt, daß sich in den Reihen der Kaiserlichen Garde und der Polizei schändliche Unordnung, freche Insubordination und gotteslästerlicher Verrat eingenistet hatten. Glücklicherweise bewiesen die Armeegeneräle in dieser schweren Stunde ihre Loyalität und ermöglichten dem Kaiser eine würdige, wenn auch schmerzliche Rückkehr in den Palast. Nachdem sie aber unserem Herrn den Thron gerettet hatten, drangen sie nun auf den Wohltäter ein und verlangten eine Entlohnung für ihre Dienste. Das Denken innerhalb der Armee war derart auf weltliche Güter orientiert, daß die Generäle ihre Loyalität in Geldbeträge umrechneten und noch erwarteten, der großzügige Herrscher würde ihnen von sich aus immer reichere Geschenke in die Taschen stopfen. Sie vergaßen dabei völlig, daß Privilegien korrumpieren und Korruption wiederum die Uniform entehrt. Die Polizeikommandanten nahmen sich bald ein Beispiel an der aggressiven Unverschämtheit der Armeegeneräle und wollten auch korrumpiert, mit Privilegien überschüttet und durch Geldgeschenke verwöhnt werden. Und das alles nur, weil sie die fortschreitende Schwäche des Palastes erkannten und daraus schlau folgerten, unser Monarch würde ihrer in Zukunft noch öfter bedürfen, denn sie stellten schließlich die sicherste und in kritischen Momenten sogar einzige Stütze der Allmacht dar. Unser umsichtiger Herrscher war daher gezwungen, eine Stunde der Armee und Polizei einzuführen, in deren Verlauf er die höheren Offiziere mit reichen Gunstbeweisen überhäufte und sich besorgt nach dem Zustand jener beiden Institutionen erkundigte, die Ordnung und innere Stabilität aufrechthielten, für die unser Volk dem Himmel dankte. Die genannten Generäle verstanden es, sich mit Hilfe unseres huldreichen Herrn ein so schönes Leben zu machen, daß in unserem Kaiserreich, in dem es dreißig Millionen Bauern, aber nur knapp hunderttausend Soldaten und Polizisten gab, die Landwirtschaft ein Prozent des Staatsbudgets erhielt, Militär und Polizei hingegen — vierzig. Das war für die Studenten wieder ein willkommener Anlaß, ihre losen Zungen zu wetzen und den Palast zu beleidigen. Waren sie etwa im Recht? Unser Herr hatte schließlich die erste reguläre Armee in unserer Geschichte ins Leben gerufen, die er aus seiner eigenen Tasche bezahlte. Vor seiner Zeit hatte es nur ein Volksheer gegeben, das bei Bedarf aus allen Ecken des Reiches zusammengezogen wurde und zum Schlachtfeld strömte, unterwegs plündernd und raubend, Bauern und Vieh niedermetzelnd. Nach solchen Kriegszügen — und deren gab es eine große Zahl — lag das Kaiserreich in Schutt und Asche, für lange Zeit unfähig, wieder auf die Beine zu kommen. Der ehrwürdige Herr aber verbot das Plündern, schaffte die allgemeinen Truppenaushebungen ab und übertrug den Engländern die Aufgabe, eine ständige Armee auf die Beine zu stellen (was diese taten, sobald die Italiener das Land verlassen hatten).

Er liebte es, Paraden abzunehmen und sich in seiner kaiserlichen Marschall-Uniform zu zeigen, geschmückt mit bunten Reihen von Orden und Medaillen. Aber seine kaiserliche Würde verbot es ihm, sich allzu detailliert mit dem Kasernenleben zu beschäftigen und die Lage der einfachen Soldaten und Unteroffiziere in Augenschein zu nehmen, die Palastmaschine aber, die die militärischen Chiffren entziffern sollte, funktionierte nur selten — jedenfalls stellte sich im Laufe der Zeit heraus, daß der Kaiser nicht wußte, was hinter den Mauern der Kasernen vor sich ging, und das hat sich, leider, später bitter gerächt.

P. M.:
... als eine Folge der Allerhöchsten Sorge um die Entwicklung der Ordnungskräfte und seiner Großzügigkeit auf diesem Gebiet vermehrte sich die Zahl der Polizisten in den letzten Jahren der Herrschaft unseres Wohltäters ungeheuerlich, überall tauchten wachsame Ohren auf, sie wuchsen aus dem Boden, klebten an den Wänden, flogen durch die Luft, hingen an Türschnallen, lauerten in den Ämtern, versteckten sich in der Menge, standen in Toreinfahrten, drängelten sich auf den Märkten, so daß die Menschen, um sich gegen die Plage der Spitzel zu schützen, eine neue Sprache erlernten, niemand wußte wie, wo und wann, ohne Schulen, Kurse, Platten und Wörterbücher — und sie erlernten die neue Sprache so rasch, problemlos und perfekt, daß wir, ein einfaches und ungebildetes Volk, beinahe über Nacht zu einer zwei-

sprachigen Nation wurden. Das war sehr nützlich und erlaubte uns, einigermaßen ruhig zu leben, und manchem rettete es sogar Kopf und Kragen. Jede der beiden Sprachen besaß einen eigenen Wortschatz mit eigener Bedeutung und sogar eine eigene Grammatik, aber dennoch schafften es alle, diese Schwierigkeiten zu meistern und sich im richtigen Moment der richtigen Sprache zu bedienen. Eine Sprache wurde nach außen verwendet, die andere intern; die erste klang süß und die zweite gallbitter; die erste war glättend, die zweite mißtönend, die eine schwamm leicht obenauf, die andere blieb im verborgenen. Und jeder wählte sorgfältig, den Bedingungen und Umständen entsprechend, ob er diese oder jene Sprache hervorholen sollte.

M.:
Und stell dir vor, mein Gönner, inmitten dieser blühenden Entwicklung, inmitten dieses von unserem Monarchen verkündeten Wohlstands — bricht plötzlich ein Aufstand aus. Wie ein Blitz aus heiterem Himmel! Im Palast Erstaunen, Entsetzen, Hinundherrennen, Haareraufen, den ehrwürdigen Herrn fragen: »Wie kam es zum Aufstand?« Aber welche Antwort erwarteten wir, seine ergebenen Diener? Unfälle suchen die Menschen heim, sie können daher auch ein Kaiserreich heimsuchen, und so ist es uns im Jahre neunzehnhundertachtundsechzig passiert, daß in der Provinz Gojam die Bauern der Staatsmacht an die Gurgel sprangen. Die Notabeln fanden dafür keine Erklärung, denn unser Volk war immer folg-

sam, zufrieden, gottesfürchtig und überhaupt nicht rebellisch gewesen, und plötzlich, wie ich sagte, rein aus dem Nichts — ein Aufstand! Für uns ist Demut die wichtigste Tugend, und selbst der ehrwürdige Herr küßte als Knabe seinem Vater die Schuhe. Und wenn die Eltern beim Essen sitzen, stehen die Kinder mit dem Gesicht zur Wand, damit sie nicht vom gottlosen Verlangen erfaßt werden, es den Älteren gleichzutun. Ich erinnere an diese Sitten, mein Gönner, um dir klarzumachen, daß es in einem Land wie dem unseren schon einen ganz besonderen Grund braucht, damit die Untertanen gegen die Obrigkeit rebellieren.

In unserem Fall war dieser Grund, das müssen wir zugeben, eine gewisse ungeschickte Übereifrigkeit des Finanzministers. Erinnern wir uns: Es waren dies Jahre einer gewaltsamen Entwicklung, die uns viele Plagen bescherte. Wieso Plagen? Weil unser Herr mit seinen Reden vom Fortschritt den Appetit und die Gelüste seiner Untertanen anstachelte; diese aber ließen sich gern anstacheln und glaubten, die Entwicklung sei eine Annehmlichkeit, eine wohlschmeckende Speise, und sie verlangten immer mehr Nahrung und Fortschritt, Köstlichkeiten und Leckereien. Die größte Sorge aber bereitete die Entwicklung des Erziehungswesens, denn die wachsende Schar der Schulabsolventen mußte in den Ämtern untergebracht werden, das bedeutete, daß die Bürokratie immer mehr anschwoll und immer mehr Geld aus der Schatulle des Herrn verschlang. Wie aber sollte man bei den Beamten sparen, wenn diese doch die festeste und loyalste Stütze sind? Ein Beamter verleumdet dich hinter deinem Rücken und ballt aufrührerisch die Faust im Sack, wenn man ihn aber zur Ordnung ruft, schweigt er und kommt dir, falls nötig, zu Hilfe. Man kann aber auch bei den Höflingen nicht gut sparen, denn sie gehören zur Familie des Palastes. Und auch bei den Offizieren nicht, denn die sichern eine ruhige Entwicklung. So kam es, daß sich in der Stunde der Geldschatulle ein ganzes Heer um den Kaiser scharte und die Hand aufhielt, der Geldbeutel aber wurde dünn und dünner, denn mit jedem Tag mußte der gütige Herr mehr und mehr für die Loyalität bezahlen.

Da aber die Kosten der Loyalität ins Unermeßliche stiegen, mußten die Einkünfte erhöht werden, und das war der Grund, weshalb der Finanzminister den Bauern neue Steuern auferlegte. Heute darf ich es sagen, daß die Entscheidung von unserem strahlenden Herrn selbst stammte, aber als gütiger Wohltäter konnte der Kaiser keine unbeliebten und peinlichen Beschlüsse fassen — daher wurde jedes Dekret, mit dem unserem Volk neue Lasten aufgebürdet wurden, offiziell von irgendeinem Ministerium verkündet. Wenn das Volk die neue Last nicht zu schleppen vermochte und rebellierte, dann kanzelte der gütige Herrscher das Ministerium ab und entließ den Minister, obwohl er das nie sofort machte, um nicht den entwürdigenden Eindruck zu erwecken, der Monarch erlaube dem zügellosen Pöbel, für ihn im Palast Ordnung zu machen. Eher im Gegenteil — wenn er seine kaiserliche Allmacht demonstrieren wollte, hob er den verhaßtesten Würdenträger zu den höchsten Ehren empor, als wollte er sagen: »Schaut nur her, wer hier wirklich die Macht hat und das Unmögliche möglich macht!« Indem er auf solche Weise seine Untertanen gutmütig piesackte, stellte der ehrwürdige Herr seine Kraft und Autorität unter Beweis.

Aber jetzt, mein Gönner, treffen aus der Provinz Gojam Berichte ein, daß die Bauern randalieren, rebellieren, den Steuereintreibern die Schädel einschlagen, Polizisten aufhängen, die Notabeln verjagen, Höfe anzünden, die Ernte vernichten. Der Gouverneur meldet, die Aufrührer stürmten die Ämter, und wo sie die Leute des Kaisers in die Finger bekämen, beleidigten, folterten und vierteilten sie diese. Je länger offenbar Ergebenheit und geduldiges Schweigen anhalten, um so größer sind dann Zorn und Grausamkeit. In der Hauptstadt aber erheben sich die Studenten, loben die Aufrührer, zeigen mit dem Finger auf den Palast und ergehen sich in Schmähungen. Zum Glück ist die Provinz fernab gelegen, man konnte sie also abschneiden, mit Militär umstellen, das Feuer eröffnen und die Revolution ausbluten. Aber ehe es so weit war, herrschte im Palast große Angst, denn man kann nie wissen, wie weit kochendes Wasser spritzt. Aus diesem Grund schickte auch unser umsichtiger Herr, der die Fundamente des Reiches schwanken fühlte, zuerst seine Schergen nach Gojam, um den Bauern die Köpfe abzuschneiden, als aber dann der Widerstand der Aufständischen unverständlicherweise nicht nachließ, befahl er, die neue Steuer abzuschaffen, und kanzelte das Ministerium wegen seiner sträflichen Übereifrigkeit ab.

Der erhabene Herr schalt die Beamten, ein ganz einfaches Prinzip nicht begriffen zu haben: das Prinzip des zweiten Sackes. Das Volk rebelliert nämlich nie allein deshalb, weil es einen schweren Sack schleppen muß, es lehnt sich nie gegen die Ausbeutung auf, denn es kennt kein Leben ohne Ausbeutung, kann sich ein solches überhaupt nicht vorstellen, wie aber kann man etwas verlangen, was es in unserer Vorstellung gar nicht gibt? Das Volk empört sich erst dann, wenn ihm jemand plötzlich und unvermutet eine zweite Last, einen zweiten schweren Sack aufzubürden versucht. Das ist dem Bauern zuviel, er fällt vornüber in den Dreck, dann aber rappelt er sich auf und greift zum Beil. Er greift nicht deshalb zum Beil, mein Freund, weil er nicht mehr die Kraft hätte, auch noch den zweiten Sack zu schleppen, o nein, den könnte er schon noch tragen! Er rebelliert, weil er spürt, daß du ihn mit diesem zweiten Sack, den du ihm unvermutet auflädst, betrügen wolltest, du hast ihn wie ein stumpfes Tier behandelt, den Rest seiner geschändeten Würde in den Schmutz getreten, ihn zum Idioten gemacht, der nichts sieht, fühlt und begreift. Der Mensch langt nicht nach dem Beil, um seinen Geldbeutel zu verteidigen, sondern seine Würde, und das ist der Grund, mein lieber Freund, weshalb unser Herr die Beamten ausschimpfte, die aus Bequemlichkeit und Dummheit dem Bauern den ganzen Sack auf einmal aufbürden wollten, statt sachte, in kleinen Portionen die Last zu erhöhen.

Da unser Herr in Zukunft Ruhe im Kaiserreich haben wollte, ließ er die Beamten kleine Säckchen anfertigen, damit sie fortan die Bürde in kleinen Gewichten auflegen könnten, mit schönen Pausen dazwischen und immer die Miene des Lastträgers beobachtend, ob man noch ein bißchen zulegen könne oder er eine Verschnaufpause brauche. Das ist die ganze Kunst, mein Gönner, nicht alles auf einmal, grob und ohne zu schauen, sondern gütig und sorgsam, in den Gesichtern lesend, wann man noch etwas drauflegen, wann die Schraube anziehen kann, und wann man nachlassen muß. Nach einiger Zeit, als das Blut in den Boden versickert war und der Wind den Rauch verweht hatte, begannen die Beamten nach dem Rezept des Monarchen die Steuern wieder zu erhöhen, diesmal aber in kleinen Portionen, in schmalen Säckchen, bedächtig und sorgfältig wägend, und die Bauern ließen sich alles aufbürden und fühlten sich nicht gekränkt.

Z. S-K.:
Ein Jahr nach dem Aufstand in Gojam, der dem Palast die wütende und brutale Fratze des Volkes gezeigt und Furcht in die Herzen der höheren Würdenträger gegossen hatte — und nicht nur in ihre, denn auch wir, die untergeordneten Diener, bekamen das Zittern —, traf mich ein persönliches Unglück: Mein Sohn Hailu, der in jenen beklemmenden Jahren an der Universität studierte, begann zu denken. So ist es, er begann zu denken, und laß dir sagen, mein Freund, daß Denken in jener Zeit eine lästige Unannehmlichkeit war, ja, ein peinliches Gebrechen. Unser

hochwohlgeborener Herr scheute in seiner unablässigen Sorge um das Wohl seiner Untertanen keine Mühe, um sie vor dieser Unannehmlichkeit und diesem Gebrechen zu bewahren. Warum sollten sie Zeit verlieren, die sie besser der Sache der Entwicklung widmeten, ihr Inneres durcheinanderbringen und sich den Kopf mit illoyalen Gedanken zermartern? Es brachte nichts Gutes oder Erfreuliches mit sich, wenn jemand sich entschloß zu denken oder unvorsichtigerweise in die Gesellschaft von denkenden Menschen geriet. Und genau diese Unvorsichtigkeit beging, leider, mein leichtsinniger Sohn. Als erste merkte es meine Frau, der ihr mütterlicher Instinkt sagte, daß sich über unserem Haus dunkle Wolken zusammenballten; eines Tages sagte sie zu mir, Hailu habe gewiß zu denken begonnen, er sei in jüngster Zeit auffallend traurig. So war es damals. Diejenigen, die sich im Kaiserreich umschauten und über das Gesehene nachdachten, schritten traurig und gedankenverloren einher, eine unruhige Schwermut im Blick, als quälte sie eine unbestimmte Vorahnung. Am häufigsten fand man diesen Gesichtsausdruck bei Studenten, die, das muß man hier sagen, unserem Herrn immer mehr Verdruß bereiteten. Es ist erstaunlich, daß die Polizei nie diese Spur entdeckte, die Verbindung zwischen Denken und Stimmung — wäre sie rechtzeitig darauf gekommen, hätte man leicht die genannten Denker unschädlich machen können, die mit ihrem Murren und ihrer boshaften Weigerung, glücklich zu sein, so viel Unglück auf das Haupt unseres ehrwürdigen Herrn herabbeschworen.

Der Kaiser aber bewies mehr Scharfblick als seine Polizisten und verstand es sehr gut, daß Traurigkeit möglicherweise zum Denken verleitet, zu Mutlosigkeit, Brummen und Granteln, und er ließ daher im ganzen Kaiserreich Geselligkeiten, Tänze und Maskenfeste abhalten. Der ehrwürdige Herr selbst befahl, den Palast festlich zu beleuchten, gab Freudenmähler für die Armen und hieß alle lustig sein. Und als sie genug gegessen und getanzt hatten, lobten sie ihren Herrn. So ging es über Jahre, und die Belustigungen füllten den Menschen den Kopf und verstopften ihre Gehirnwindungen, so daß sie zuletzt nur mehr Späße und Zerstreuung im Sinn hatten. Zerlumpte Sachen, doch wir lachen! Nur die Denker, die sahen, wie alles grau und runzlig wurde, im Dreck versank und Schimmel ansetzte, konnten an den Späßen nichts finden. Sie wurden uns allen zur Last. Sie wollten uns zum Denken verführen, aber wir, die wir nicht dachten, waren klüger und ließen uns nicht hereinlegen, und wenn die Studenten uns beschwatzten, hielten wir uns die Ohren zu und liefen davon. Wozu soll man etwas wissen, wenn es besser ist, nichts zu wissen? Wozu schwierig, wenn es auch leicht geht? Wozu plaudern, wenn man besser den Mund hält? Wozu sich in die Angelegenheiten des Staates einmischen, wenn man zu Hause so viel zu tun hat?

Ich sah, welchen gefährlichen Kurs mein Sohn genommen hatte, und versuchte, ihn davon abzubringen, ihm die Freuden des Lebens schmackhaft zu machen und ihn auf Reisen zu schicken; es wäre mir fast lieber gewesen, er hätte sich Hals über Kopf ins

Nachtleben gestürzt, statt sich mit diesen verwerflichen Verschwörungen und Demonstrationen abzugeben. Stell dir meine Betrübnis vor: der Vater im Palast und der Sohn im Anti-Palast; auf der Straße muß mich die Polizei vor dem eigenen Kind schützen, das demonstriert und mit Steinen wirft. Ich sagte zu ihm: »Hör endlich auf, zu denken! Das bringt dir doch nichts! Vergnüge dich lieber, schau dir andere junge Menschen an, die auf die Weisen hören, wie glücklich sie sind und wie fröhlich sie lachen. Die Stirn ohne Falten. Und wenn sie sich schon Sorgen machen, dann nur, wie sie am besten ihre Taschen füllen könnten. Solcher Kummer ist dem Herrn angenehm und gefällig, und er denkt ständig daran, wie er ihn lindern könnte.« »Wie ist ein Widerspruch möglich zwischen einem, der denkt«, sagt Hailu darauf, »und einem, der weise ist? Wer nicht denkt, der ist auch nicht weise.« »Doch, gerade der ist weise«, sage ich, »nur daß er seine Gedanken in eine sichere Richtung gelenkt hat, wo es still ist und friedlich, nicht zwischen Mühlräder, die poltern und mahlen. Der Weise vergißt dort seine Gedanken und lernt, ohne sie auszukommen.« Aber es half nichts! Hailu lebte bereits in einer anderen Welt. Zu jener Zeit wurde die Universität, die nicht weit vom Palast liegt, zu einem richtigen Anti-Palast, in den nur die Mutigsten ihren Fuß setzten; das Gebiet zwischen dem Kaiserhof und der Hochschule erinnerte immer mehr an ein Schlachtfeld, auf dem sich jetzt das Schicksal unseres Reiches entscheiden sollte.

Er erinnert sich an die Dezemberereignisse, als der Kommandant der Kaiserlichen Garde, Mengistu Neway, in die Universität ging, um den Studenten das trockene Brot zu zeigen, das die Rebellen den Leuten aus der nächsten Umgebung des Kaisers zu essen gegeben hatten. Dieses Ereignis war ein Schock, den die Studenten nie vergessen sollten. Einer der vertrautesten Offiziere von Haile Selassie stellte ihnen den Kaiser — ein göttliches Wesen mit übernatürlichen Eigenschaften — als einen Menschen hin, der im Palast Korruption tolerierte, das reaktionäre System schützte und sich mit dem Elend von Millionen Untertanen abfand. An jenem Tag begann der Kampf, und die Universität sollte nie mehr zur Ruhe kommen. Der stürmische Konflikt zwischen dem Palast und der Hochschule dauerte beinahe vierzehn Jahre und verschlang Dutzende Opfer; er endete erst mit der Entthronung des Kaisers.

In jenen Jahren gab es zwei Bilder von Haile Selassie. Eines, das die internationale öffentliche Meinung kannte, stellte den Kaiser als vielleicht ein bißchen exotischen, aber jedenfalls fähigen Monarchen dar, beflügelt von unerschöpflicher Energie, scharfer Intelligenz und tiefer Einfühlsamkeit, der Mussolini die Stirn geboten *und sein Reich und seinen Thron zurückerobert hatte und nun versuchte, seinem Staat den Fortschritt zu bringen und in der internationalen Arena eine wichtige Rolle zu spielen. Das zweite Bild — nach und nach von der kritischen, aber anfangs kaum bedeutenden heimischen öffentlichen Meinung geformt — zeigte den Monarchen als einen Herrscher, der um jeden Preis seine Krone verteidigen wollte, als einen großartigen Demagogen und theatralischen Paternalisten, der mit Worten und Gesten die Käuflichkeit, Dumpfheit und den Servilismus der herrschenden Elite, die er selbst großgezogen und gehätschelt hatte, zu verbergen suchte. Wie das Leben nun einmal so ist, entsprachen beide Bilder der Wahrheit; Haile Selassie war ein komplexer Charakter, für die einen war er voller Charme, und in den anderen erweckte er Abscheu, die einen verehrten und die anderen verfluchten ihn. Er herrschte über ein Land, in dem nur die grausamsten Methoden des Kampfes um die Macht (oder um deren Erhaltung) bekannt waren, in dem Dolch und Gift freie Wahlen ersetzten, Kugel und Strick freie Diskussionen. Er war ein Produkt dieser Tradition und griff selbst darauf zurück. Gleichzeitig aber verstand er, daß das irgendwie unmöglich war, unvereinbar mit der neuen Welt. Aber er konnte das System nicht ändern, das ihn selbst an der Macht hielt, denn die Macht war für ihn alles. Daher seine Flucht in Demagogie, Zeremonien, Thronreden über Fortschritt und Entwicklung, die in einem Land, das so unter Armut und Rückständigkeit litt, hohl klingen mußten. Er war eine ungemein sympathische Figur, ein scharfsinniger Politiker, tra-*

gischer Vater, krankhafter Geizhals, er verurteilte Unschuldige zum Tode, begnadigte Schuldige, einfach so; eine Laune der Macht, Labyrinthe der Palastpolitik, Zweideutigkeit, Finsternis, die niemand durchdringt ...

Z. S-K.: Sofort nach dem Aufstand in Gojam wollte Prinz Kassa die loyalen Studenten sammeln und eine Demonstration zur Unterstützung des Kaisers veranstalten. Alles war schon vorbereitet, Bilder des Herrschers und Transparente, als der ehrwürdige Herr von dem Vorhaben erfuhr und den Prinzen scharf rügte. Er verbat sich alle Demonstrationen. Sie beginnen mit Unterstützung und enden mit Beleidigungen. Zuerst schreien sie Vivat, und dann muß man auf sie schießen lassen. Und bitte schön, mein Freund, wieder einmal sollte sich die erstaunliche Voraussicht des erhabenen Allwaltenden erfüllen. In der allgemeinen Verwirrung gelang es nämlich nicht mehr, die Demonstration abzusagen, und als dann der Zug der Regimefreunde, bestehend vor allem aus Polizisten, die als Studenten verkleidet waren, losmarschierte, schloß sich ihnen eine riesige und rebellische Masse von wirklichen Studenten an, der ganze gräßliche Pöbel wälzte sich in Richtung Palast — und es blieb nichts anderes übrig, als das Militär einzusetzen, um Ruhe und Ordnung zu schaffen. In diesem fatalen Zusammenstoß, der in einem Blutbad endete, kam der Führer der Studenten, Tilahum Gizaw, ums Leben. Und welche Ironie, es starben auch ein paar verkleidete Polizisten, die ja völlig unschuldig waren! Ich erinnere mich ganz deutlich, das war Ende Dezember neunzehnhundertneunundsechzig.

Der nächste Tag war schrecklich für mich, denn Hailu und alle seine Kollegen gingen zum Begräbnis, und vor dem Sarg sammelte sich so eine Menge, daß es erneut zu Demonstrationen kam. Man konnte aber nicht zulassen, daß die Hauptstadt immer wieder in Unruhe und Aufruhr versetzt wurde, daher ließ unser ehrwürdiger Herr Panzerwagen auffahren, die Ruhe und Ordnung wiederherstellen sollten. In der Folge kamen mehr als zwanzig Studenten ums Leben, wie viele aber verletzt und verhaftet wurden, will ich gar nicht erst aufzählen. Unser gnädiger Herr ließ die Hochschule für ein Jahr schließen, und damit rettete er gewiß vielen jungen Menschen das Leben, denn hätten sie weiter studiert, demonstriert und den Palast gestürmt, hätte der Monarch neuerlich mit Polizeiknüppeln, Schüssen und Blutvergießen antworten müssen.

Der Zusammenbruch

Man sieht mit Verwunderung, in welcher seltsamen Sicherheit alle diejenigen leben, die in dem Augenblick, als die Revolution ausbrach, die oberen und mittleren Stockwerke des Gebäudes der Gesellschaft innehatten, wie sie untereinander über die Tugenden des Volkes, seine Sanftmut, seine Hingebung, seine unschuldigen Freuden sinnreiche Gespräche führten, während sie bereits das Jahr 1793 unter den Füßen haben — lächerliches und schreckliches Schauspiel.
      Alexis de Tocqueville
      Der alte Staat und die Revolution

Und noch etwas, etwas Unsichtbares, ein lenkender Geist des Verderbens, der darin hauste.
      Conrad, *Lord Jim*

Einige Diener Justinians, die zu später Stunde im Palast bei ihm weilten und an deren klarem Kopf nicht der geringste Zweifel besteht, gaben an, plötzlich an der Stelle ihres Herrn einen Dämon erblickt zu haben. Jemand erzählte auch, daß, als sich Justinian einmal von seinem Thron erhoben hatte, um im Zimmer umherzugehen — es war seine Gewohnheit, nie lange auf einer Stelle zu sitzen —, sein Kopf sich von ihm getrennt habe, der übrige Körper aber sei hin und her gewandelt. Der Zeuge selbst traute seinen Augen nicht und blieb, vor Verblüffung starr, stehen. Bald jedoch sei der Kopf des Kaisers an den Ort, den er auf so unglaubliche Weise verlassen hatte, zurückgekehrt.
      Die Anekdota des Prokopios.
      Geheimgeschichte einer Tyrannis

Wo sind sie denn nun? Lauter Eintagsfliegen, längst schon tot. Einige blieben kaum für kurze Zeit im Gedächtnis der Menschen, andere wurden zu Sagengestalten, wieder andere sind nicht einmal mehr das.
      Marc Aurel, *Selbstbetrachtungen*

Niemandes Kerze brennt bis ganz zum Morgengrauen.
      Ivo Andrić, *Wesire und Konsuln*

M. S.: Lange Jahre diente hic unserem strahlenden Herrn als Mörserschütze. Ich stellte den Mörser nahe dem Ort auf, wo unser gütiger Monarch für die ausgehungerten Ärmsten ein Festessen gab. Wenn der Schmaus dem Ende zuging, feuerte ich ein paar Schüsse in die Luft. Kaum waren die Projektile zerplatzt, breitete sich über dem Himmel eine bunte Wolke aus, die langsam zerfiel und zu Boden flatterte — es waren bunte Taschentücher mit dem Porträt des Kaisers darauf. Die Menschen drängelten und schoben und streckten die Hände aus, denn jeder wollte ein Bild unseres Herrn nach Hause tragen, das auf wunderbare Weise vom Himmel gefallen war.

A. A.:
Keiner, kein einziger, mein Freund, hatte eine Vorahnung, daß das Ende näher rückte. Oder vielleicht ging einem auch so eine Vorahnung durch den Kopf, aber so unklar und unbestimmt, daß man keine unmittelbare Gefahr, nichts Außergewöhnliches spürte. Dabei schlich schon seit langem ein Kammerdiener auf leisen Sohlen durch den Palast und löschte hier und da die Lichter, aber die Augen gewöhnten sich an

das Halbdunkel, und im Inneren gewann eine behagliche Resignation die Oberhand: offenbar mußte alles so verlöscht, verdüstert, verdunkelt sein. Dazu kommt, daß sich eine anstößige Unordnung im Kaiserreich breitmachte, die dem Palast viel Kummer bereitete, vor allem aber unserem Informationsminister, Herrn Tesfaye Gebre-Egzy, der später von den Aufständischen erschossen wurde, die heute über das Land herrschen.

Es begann damit, daß im Sommer des Jahres neunzehnhundertdreiundsiebzig ein Journalist vom Londoner Fernsehen, ein gewisser Jonathan Dimbleby, nach Äthiopien kam. Er hatte das Kaiserreich schon in früheren Jahren besucht und schmeichelnde Filme über den Allgewaltigen gedreht, und daher kam niemandem der Gedanke, so ein Journalist, der zuerst lobt, könnte sich später erfrechen, zu kritisieren. Aber so ist nun einmal die schuftige Natur dieser Kreaturen, denen es an Würde und Glaube fehlt. Jedenfalls fuhr Dimbleby diesmal, anstatt zu zeigen, wie unser Herr den Fortschritt vorantreibt und sich um das Wohlergehen der kleinen Leute sorgt, irgendwohin nach Norden, von wo er ganz aufgewühlt und erschüttert zurückkam. Er kehrte sofort nach England zurück. Es verging kein Monat und aus unserer Botschaft langte ein Bericht ein, daß Dimbleby im Londoner Fernsehen einen Film mit dem Titel »Der unbekannte Hunger« gezeigt hätte, in dem dieser prinzipienlose Verleumder den billigen Trick anwendete, Tausende Menschen zu zeigen, die den Hungertod starben, und daneben den erhabenen Herrn, während er mit seinen Würdenträgern tafelt, dann Dorfstraßen, übersät mit Dutzenden Leichen verhungerter Armer, und gleich darauf unsere Flugzeuge, die aus Europa Champagner und Kaviar einflogen, hier ganze Felder mit sterbenden Hungergerippen, dort unseren Herrn, der seine Hunde mit Fleisch von einer silbernen Schüssel fütterte, und so immer im Wechsel: Prunk — Elend, Reichtum — Verzweiflung, Korruption — Tod. Im Kommentar sagte Herr Dimbleby, die Hungerkatastrophe habe bereits hunderttausend, vielleicht auch zweihunderttausend Menschen das Leben gekostet, und noch einmal so viele würden in den nächsten Tagen dieses Los teilen. Dem Bericht unserer Botschaft zufolge sei nach dem Film in London ein riesiger Skandal ausgebrochen, es habe Anträge im Parlament gehagelt, die Zeitungen hätten Alarm geschlagen, unser ehrwürdiger Herr sei verurteilt worden.

Das führt dir wieder einmal die ganze Unverantwortlichkeit der ausländischen Presse vor Augen, mein Freund, die, ähnlich wie dieser Herr Dimbleby, jahrelang unseren Monarchen gepriesen hatte, um ihn dann über Nacht, grundlos und maßlos, zu verdammen. Wie kommt das? Warum dieser Verrat, diese Unsittlichkeit? Darüber hinaus meldet die Botschaft, daß sich aus London ein ganzes Flugzeug voll mit europäischen Journalisten auf den Weg gemacht hat, die den Hungertod aus der Nähe sehen, unsere Wirklichkeit kennenlernen und feststellen wollen, was mit den Geldern passiert ist, die ihre Regierungen unserem Herrn gegeben haben, damit er entwickle, einhole und überhole. Mit einem Wort, eine Einmischung in die inneren Angelegenheiten des Kaiserreiches! Im Palast herrschen Aufregung und Empörung, doch unser strahlender Herr mahnt zur Ruhe und Besonnenheit. Nun warten wir auf die höchsten Entschließungen. Gleich werden Stimmen laut, man müsse vor allen Dingen den Botschafter absetzen, der mit seinen peinlichen und alarmierenden Berichten so viel Unruhe im Palast gesät habe. Der Außenminister jedoch hält dagegen, seine Abberufung würde alle übrigen Botschafter verschrecken, und diese würden überhaupt nichts mehr melden — der ehrwürdige Herr müsse aber informiert sein, was in den verschiedenen Teilen der Welt über ihn gesprochen werde. Dann melden sich die Mitglieder des Kronrates zu Wort und verlangen, das Flugzeug mit den Journalisten müsse in der Luft abgefangen und heimgeschickt werden; man dürfe die ganze lästerliche Bande gar nicht erst ins Kaiserreich hineinlassen. Wie aber sollen wir sie, sagt der Informationsminister, nicht hereinlassen, dann werden sie noch lauter schreien und den gütigen Herrn noch schärfer verurteilen.

Nach langer Beratung entschließt man sich, dem huldreichen Herrn folgenden Kompromiß vorzuschlagen: hereinlassen, aber dementieren. Richtig, den Hunger verleugnen! Man solle sie in Addis Abeba festhalten, ihnen den Fortschritt vorführen, und dann mögen sie schreiben, was sie aus unseren Zeitungen herauslesen können. Unsere Zeitungen aber, mein guter Freund, waren loyal, ich möchte sogar sagen, vorbildlich loyal. Um der Wahrheit die Ehre zu geben, viele Zeitungen gab es nicht, denn für mehr als dreißig Millionen Bürger wurden täglich gerade fünfundzwanzigtausend Exemplare gedruckt, aber unser Herr ging von der Annahme aus, daß man den Menschen selbst die loyalste Presse nicht im Übermaß geben sollte, denn wie leicht könnte sich daraus die Gewohnheit des Lesens entwickeln, und von da wäre es dann nur mehr ein Schritt zum gewohnheitsmäßigen Denken, und wir wissen ja alle, was für Unannehmlichkeiten, Probleme, Sorgen und Kümmernisse das mit sich bringt. Nehmen wir nur einmal an, etwas wird loyal geschrieben, dann aber illoyal gelesen; jemand fängt an, loyale Dinge zu lesen, verspürt aber dann Lust auf illoyale, und so folgt er dem Weg, der ihn vom Thron und vom Fortschritt wegführt, hin zu den Unruhestiftern. Nein, nein, so eine Verlotterung der Sitten, so ein Abweichen vom rechten Pfad durfte unser Herr nicht gestatten, und aus diesem Grund war er überhaupt kein besonderer Freund von übermäßigem Lesen.

Wenig später erlebten wir eine wahre Invasion ausländischer Korrespondenten. Ich erinnere mich, daß gleich nach ihrer Ankunft eine Pressekonferenz abgehalten wurde. »Wie schaut das Problem des Hungertodes aus, der die Menschen dahinrafft?« fragen sie. »Ich weiß davon nichts«, antwortet unser Informationsminister, und laß dir sagen, mein Freund, damit kam er der Wahrheit recht nahe. Denn erstens war der Hungertod in unserem Reich seit Hunderten von Jahren ein alltägliches und natürliches Ereignis, und es wäre niemandem in den Sinn gekommen, deshalb ein großes Geschrei zu erheben. Die Trockenheit hielt Einzug, die Erde dörrte aus, die Rinder krepierten, und die Bauern starben — das war nun einmal der natürliche Gang der Dinge, so war es schon immer gewesen. Das war so natürlich und ewig, daß kein Würdenträger gewagt hätte, den allgewaltigen Herrscher mit dem Hinweis zu stören, in einer seiner Provinzen sterbe jemand vor Hunger. Natürlich besuchte der ehrwürdige Herr selbst auch die Provinzen, aber er hatte nicht die Angewohnheit, in ärmeren Regionen haltzumachen, wo eine Hungersnot herrschte, und was hätte er übrigens während so eines offiziellen Besuches schon viel sehen können? Die Menschen des Palastes fuhren für gewöhnlich nicht in die Provinz, denn es genügte bereits, daß ein Mann dem Palast den Rücken kehrte, und schon wurde gegen ihn intrigiert, wurde er denunziert, und wenn er zurückkehrte, mußte er feststellen, daß seine Feinde ihn näher zur Straße gedrängt hatten. Woher hätten wir also wissen sollen, daß im Norden eine außergewöhnliche Hungersnot herrscht?

»Können wir in den Norden fahren?« fragen die Korrespondenten. »Das ist leider nicht möglich«, erklärt der Informationsminister, »denn die Straßen sind unsicher und voll Banditen.« Und wieder muß ich dir sagen, mein Freund, daß dies nicht so weit von der Wahrheit entfernt war, denn in jüngster Zeit hatten sich tatsächlich die Berichte über bewaffnete Unruhen entlang der Landstraßen im ganzen Kaiserreich besorgniserregend gehäuft. Dann unternahm der Minister mit den Korrespondenten eine Fahrt durch die Hauptstadt, zeigte ihnen die Fabriken und lobte den Fortschritt. Aber damit kam er bei ihnen schön an! Sie wollen keinen Fortschritt, sondern nur Hunger, sonst gar nichts! »Nun«, sagt der Minister, »Hunger werdet ihr keinen bekommen, woher soll ich auch Hunger nehmen, wo es doch Fortschritt gibt?«

Plötzlich aber standen wir vor einem neuen Problem, mein guter Freund. Unsere rebellischen Studenten nämlich hatten von sich aus Abordnungen nach Norden geschickt, und die kehrten zurück mit Fotografien und Geschichten, wie das Volk dort verhungert; das steckten die Studenten heimlich den Journalisten zu. Und es kam zum Skandal, denn jetzt konnte niemand mehr sagen, es gebe gar keinen Hunger. Wieder attackieren uns die Korrespondenten, sie schwenken die Bilder durch die Luft und fragen, was die Regierung gegen den Hunger zu unternehmen gedenke. »Der erlauchte Herr«, antwortete ihnen der Minister, »schenkt diesem Problem seine größte Aufmerksamkeit.« »Aber konkret? Was macht er konkret?« schreit völlig respektlos das höllengeborene Pack. »Unser Herr«, sagt der Minister mit Ruhe, »wird zum gegebenen Zeitpunkt verkünden, wie seine allerhöchsten Entscheidungen und Direktiven in dieser Frage lauten, es ist jedenfalls nicht Sache eines Ministers, darüber zu befinden und den Verlauf der Dinge zu beschleunigen.« Am Ende flogen die Korrespondenten ab, ohne den Hunger aus der Nähe gesehen zu haben. Der Minister aber betrachtete die ganze Angelegenheit, die so ruhig und würdig verlaufen war, als großen Erfolg, unsere Presse sprach sogar von einem Sieg. Der Minister gab den Dingen immer so eine Wendung, daß alles erfolgreich ausging, und das war ja sehr schön, wir aber befürchteten, daß uns, wenn er morgen verschwände, nur Sorgen zurückblieben. So war es denn auch, als er später erschossen wurde.

Beachte auch, mein Gönner, daß es, unter uns gesagt, für die allgemeine Ordnung und nationale Demut gar nicht so schlecht ist, wenn man das Volk auf schmale Kost setzt und ein wenig aushungert. Schon unsere Religion befiehlt, daß wir die Hälfte aller Tage im Jahr streng fasten, und die Überlieferung sagt, wer dieses Fasten bricht, der macht sich der schweren Sünde schuldig und beginnt nach höllischem Schwefel zu stinken. Warum haben uns unsere Väter so strenge Regeln auferlegt, die den Körper unablässig kasteien? Eben deshalb, weil der Mensch von Natur aus ein böses Wesen ist, das eine verdammenswerte Freude daran findet, den Versuchungen nachzugeben, vor allem der Versuchung des Ungehorsams, der Habgier und Völlerei. Zwei Begierden wuchern in der Seele des Menschen — die Begierde der Aggression und die Begierde der Lüge. Erlaubt man ihm nicht, andere anzugreifen, dann wird er sich selbst Schaden zufügen, wenn er aber niemandem begegnet, den er belügen kann, dann wird er sich selbst in Gedanken belügen. Süß ist dem Menschen das Brot der Lüge, sagt das Buch der Sprüche, dann aber füllt sich sein Mund mit Sand.

Wie soll man dieser gefährlichen Bestie Herr werden, die der Mensch nun einmal ist oder die in uns allen steckt, wie soll man sie zähmen und niederringen? Wie sie entwaffnen und unschädlich machen? Dafür gibt es einen einzigen Weg, mein Freund: den Menschen zu schwächen. Richtig, indem man ihm seine Kraft nimmt, denn ohne Kraft vermag er nichts Böses anzurichten. Der Hunger aber schwächt und raubt die Kräfte. So ist unsere amharische Philosophie, das haben wir von unseren Vätern gelernt. Die Erfahrung beweist die Gültigkeit dieser Lehre. Wenn ein Mensch sein Leben lang hungert, wird er nie rebellieren. Im Norden hatte es nie Aufruhr gegeben. Niemand erhob dort seine Stimme oder seine Hand. Aber laß den Untertanen sich nur einmal satt essen, und versuche dann, ihm die Schüssel wegzunehmen, gleich wird er sich auflehnen. Der Hunger ist deshalb so nützlich, weil ein Hungriger nur an Brot zu denken vermag. Er geht ganz auf im Denken ans Essen. Darüber verliert er die letzten Reste an Kraft, und er verspürt weder den Wunsch noch den Willen in sich, der Versuchung des Ungehorsams nachzugeben. Überleg nur einmal: Wer hat unser Kaiserreich zerstört, es in Schutt und Asche gelegt? Das waren nicht diejenigen, die zu viel besaßen, und auch nicht diejenigen, die gar nichts hatten, sondern nur die, die ein bißchen hatten. Ja, ja, vor denen, die ein bißchen haben, muß man sich immer in acht nehmen, denn sie sind am schlimmsten, am gierigsten, sie drängen ohne Rücksicht nach oben.

Z. S-K.:

Große Unzufriedenheit, ja, sogar Entrüstung und Empörung herrschten im Palast angesichts der illoyalen Haltung jener europäischen Regierungen, die es zugelassen hatten, daß Herr Dimbleby und Konsorten so ein Geschrei wegen des Hungertods machten. Ein Teil der Würdenträger trat dafür ein, weiter zu dementieren, aber das war nicht mehr gut möglich, da der Minister selbst den Korrespondenten mitgeteilt hatte, unser unumschränkter Herrscher schenke dem Hunger die größte Aufmerksamkeit. So blieb nichts anderes übrig, als einen neuen Weg einzuschlagen und die ausländischen Wohltäter um Hilfe zu bitten! Selbst haben wir nichts, sollen andere geben, so viel sie können. Es verging nicht viel Zeit, und ermutigende Nachrichten langten ein. Flugzeuge landeten, beladen mit Weizen, Schiffe liefen ein und brachten Mehl und Zucker. Ärzte kamen ins Land und Missionare, Menschen aus wohltätigen Organisationen, Studenten von ausländischen Hochschulen und auch Korrespondenten, als Krankenpfleger verkleidet. Alle strömten nach Norden, in die Provinzen Tigre und Wollo, und auch nach Osten, in den Ogaden, wo, wie man sagte, ganze Stämme vom Hunger dahingerafft wurden.

Im Kaiserreich herrschte ein internationales Kommen und Gehen! Ich möchte hier gleich sagen, daß das im Palast keine große Freude auslöste, denn es ist nie gut, so viele Ausländer hereinzulassen; die wundern sich über alles und beginnen am Ende noch zu kritisieren. Und stell dir vor, Mister Richard, die böse

Vorahnung unserer Würdenträger erfüllte sich. Denn als die Missionare, Ärzte und Krankenpfleger — die Letztgenannten waren, wie schon gesagt, verkleidete Korrespondenten — im Norden eintrafen, sahen sie etwas Unerhörtes: Tausende starben vor Hunger, und daneben gab es Geschäfte und Märkte voller Lebensmittel. Es gibt Essen, sagen sie, es gibt Essen, nur die Ernte war schlecht, und die Bauern mußten alles den Großgrundbesitzern abliefern, ihnen selbst ist nichts geblieben; die Spekulanten aber nützen die Situation aus und schrauben die Preise hinauf, so daß sich kaum jemand mehr eine Handvoll Getreide leisten kann, das ist der ganze Grund für das Elend. Eine peinliche Geschichte, Mister Richard, denn diese Spekulanten waren unsere Notabeln, wie aber kann man die offiziellen Vertreter des erlauchten Herrn so nennen? Offizielle Vertreter und Spekulanten? Nein, nein, das geht nicht, das darf man nicht sagen!

Als daher das Geschrei der Missionare und Krankenpfleger die Hauptstadt erreichte, wurden im Palast gleich Stimmen laut, man müsse diese Wohltäter und Philosophen aus dem Kaiserreich jagen. Aber wie — sagen andere —, wie kann man sie denn verjagen? Man kann ja die Hilfsaktion nicht unterbrechen, da doch unser gnädiger Herr selbst ihr die höchste Aufmerksamkeit geschenkt hat! Und wieder weiß niemand, was geschehen soll, hinausschmeißen — schlecht, hierbelassen — auch schlecht, und in der Folge gab es ein großes Schwanken und Zagen, da schlug plötzlich ein neuer Blitz ein. Die Krankenpfleger und Missionare schreien Zeter und Mordio, weil die Transporte mit Zucker und Mehl nicht zu den Hungernden gelangten. Irgend etwas bewirkt, sagen die Wohltäter, daß die Hilfe unterwegs verschwindet, man müsse erforschen, wohin sie gelange. Und sie beginnen auf eigene Faust herumzuschnüffeln, sich einzumischen, ihre Nasen in alles zu stecken. Wieder stellt sich heraus, daß die Spekulanten ganze Schiffsladungen in ihre Magazine umleiten, die Preise erhöhen, sich die Taschen vollstopfen. Wie das ans Tageslicht kam, ist heute nicht leicht zu sagen, es gab wohl irgendwo eine undichte Stelle. Es war nämlich alles so eingerichtet, daß unser Staat, selbstverständlich, die Hilfe annahm, die Verteilung der Güter sich aber selbst vorbehielt — was mit dem Mehl und mit dem Zucker passierte, ging niemanden etwas an, danach zu fragen wäre eine Einmischung gewesen. Nun werfen sich aber unsere Studenten ins Getümmel, gehen auf die Straße, demonstrieren, enthüllen die Korruption, fordern eine Verurteilung der Schuldigen. »Schande! Schande!« schreien sie und verkünden das Ende des Kaiserreiches. Die Polizei läßt ihre Knüppel tanzen, es kommt zu Verhaftungen. Heller Aufruhr, Empörung.

In jenen Tagen, Mister Richard, war mein Sohn Hailu nur selten zu Hause. Die Universität sagte dem Palast offen den Kampf an. Diesmal begann es mit einer ganz banalen Sache, einem winzigen und unbedeutenden Ereignis, so klein, daß niemand es gesehen, niemand es bemerkt, niemand auch nur einen Gedanken daran verschwendet hätte — aber es gibt Zeiten, da kann schon das kleinste Ereignis, eine Banalität, eine belanglose Dummheit eine Revolution auslösen. Daher war auch unser Polizeikommandant, General Yilma Shibeshi, völlig im Recht, der seine Leute anwies, die Augen offenzuhalten und wie Schießhunde aufzupassen, nicht faul herumzulümmeln und vor allem nie das Prinzip zu vergessen, daß jedes Samenkorn, sobald es zu sprießen beginnt, ausgegraben und zerstampft werden müsse, ehe daraus ein Unkraut wächst. Der General selbst suchte auch und konnte doch nichts finden. Das banale Ereignis, das die spätere Entwicklung auslöste, war eine Modenschau, die das amerikanische Friedenskorps an der Universität vorführte, obwohl alle Versammlungen und Treffen verboten waren. Aber den Amerikanern konnte der ehrwürdige Herr die Schau nicht gut abschlagen, und dieses harmlose und freundliche Geschehnis nützten die Studenten aus und rotteten sich zusammen, um gegen den Palast zu marschieren. Und von diesem Moment an ließen sie sich nie mehr zerstreuen und nach Hause jagen, sie hielten Versammlungen ab, stürmten verbissen und unermüdlich und wichen nicht mehr zurück. General Shibeshi raufte sich die Haare, denn nicht einmal ihm wäre es auch nur im Traum eingefallen, daß sich aus einer Modenschau eine Revolution entwickeln könnte!

Aber so war es bei uns nun einmal. »Vater«, sagte Hailu zu mir, »das ist der Anfang von eurem Ende. Wir können nicht länger so leben. Wir sind mit Schande bedeckt. Der Tod im Norden und die Lügen des Palastes haben uns vor der Welt unmöglich gemacht. Das Land versinkt in Korruption, die Menschen sterben vor Hunger, auf Schritt und Tritt Barbarei und Unterentwicklung. Wir schämen uns für dieses Land«, sagt er. »Aber wir haben kein anderes Land«, fügt er hinzu, »wir müssen es selbst aus dem Dreck ziehen. Euer Palast hat uns in den Augen der Welt kompromittiert, und dieser Palast darf nicht länger bestehen. Wir wissen, daß es in der Armee gärt und in der Stadt brodelt, wir können jetzt nicht mehr zurück. Wir können die Schande nicht länger ertragen.« So ist das, Mister Richard, die jungen und edlen, aber irgendwie unverantwortlichen Menschen setzen uns mit ihrer tiefempfundenen Beschämung über den Zustand des Vaterlandes in Erstaunen. Für sie existierte nur mehr das zwanzigste Jahrhundert, oder vielleicht sogar schon das einundzwanzigste, auf das alle warten und in dem eine gottgefällige Gerechtigkeit herrschen soll. Alles andere paßte ihnen nicht, störte sie. Um sich herum sahen sie nicht das, was sie sehen wollten, und daher beschlossen sie jetzt, die Welt so einzurichten, daß man sie mit Freude betrachten könne. Ach ja, Mister Richard, junge Leute, ganz junge Leute!

T. L.:
Mitten in der Hungersnot, während die Missionare und Krankenpfleger krakeelten, die Studenten rebellierten und die Polizisten prügelten, begab sich unser ehrwürdiger Herr auf Besuch nach Eritrea, wo er von seinem Enkel, Flottenkommandant Erskinder Desta, empfangen wurde, mit dem er eine Kreuzfahrt auf dem kaiserlichen Flaggschiff »Äthiopien« unterneh-

men wollte. Leider konnte nur eine Maschine des Schiffes in Gang gesetzt werden, und die Kreuzfahrt mußte daher unterbleiben; unser Herr wechselte dann auf das französische Kriegsschiff »Protet« über, wo er von Hiele, dem bekannten Admiral aus Marseille, zum Abendessen an Bord empfangen wurde. Am nächsten Tag, im Hafen Massawa, ernannte der edle Herr aus diesem strahlenden Anlaß sich selbst zum Großadmiral der Kaiserlichen Flotte und sieben Kadetten zu Offizieren der Kriegsmarine, wodurch er unsere Verteidigungskraft zur See enorm stärkte. Dort überhäufte er auch die unglückseligen Notabeln aus dem Norden, die von den Missionaren und Krankenpflegern der Spekulation und des Diebstahls an Verhungernden angeklagt worden waren, mit den höchsten Ehrungen, um damit der Öffentlichkeit ihre Unschuld vorzuführen und den ausländischen Gerüchten und Anschwärzungen ein Ende zu bereiten.

Alles schien wieder vorwärtszugehen, sich günstig, erfolgreich und äußerst loyal zu entwickeln, das Kaiserreich wuchs und gedieh prächtig, wie unser Herr leutselig hervorhob, als plötzlich die Nachricht eintraf, daß jene überseeischen Wohltäter, die die undankbare Aufgabe übernommen hatten, unser ewig unersättliches Volk zu ernähren, rebellierten und ihre Hilfslieferungen einstellten, weil nämlich unser Finanzminister, Herr Yelma Deresa, den Staatsschatz des Reiches auffüllen wollte und daher die Wohltäter anwies, für alle Hilfslieferungen hohe Zölle zu bezahlen. »Ihr wollt helfen?« sagt der Minister, »das ist löblich, aber dafür müßt ihr bezahlen!« Und sie sagen,

»Warum sollen wir zahlen? Für Hilfe, die wir euch gewähren, sollen wir auch noch bezahlen?« — »Natürlich«, sagt der Minister, »wollt ihr denn auf eine Art helfen, daß das Kaiserreich gar nichts davon hat?« Und zusammen mit unserem Minister erhebt nun auch unsere Presse ein Geschrei und wirft den rebellischen Wohltätern vor, sie wollten mit der Einstellung ihrer Hilfslieferungen das unschuldige Volk dem grausamen Elend und Hungertod ausliefern, sich gegen den Kaiser erheben und in unsere inneren Angelegenheiten einmischen. Es ging damals das Gerücht, mein Freund, daß bereits eine halbe Million Menschen verhungert sei, und dieses Unglück verbuchten unsere Zeitungen jetzt auf das Schandkonto jener unrühmlichen Missionare und Krankenpfleger. Herr Gebre-Egzy nannte das Manöver, diese Altruisten der Verschwendung und Aushungerung der Nation anzuklagen, einen Erfolg, und unsere Zeitungen stimmten unisono mit ihm überein.

In diesem Moment, als gerade so viel von dem neuen Erfolg geschrieben und geredet wurde, verließ der erhabene Herr das gastfreundliche Deck des französischen Kriegsschiffes und kehrte in die Hauptstadt zurück, wo ihm, wie immer, ein demütiger und dankbarer Empfang bereitet wurde. Und doch würde ich heute sagen, daß diese Demut irgendwie verschwommen war, man spürte darin eine vage Zweideutigkeit, einen, sagen wir, demütigen Mangel an Demut, und auch die Dankbarkeit kam nicht ganz so überschwenglich wie früher zum Ausdruck, eher fast verhalten und mürrisch. Natürlich dankten die Menschen dem Herrn, aber irgendwie waren sie so passiv, lahm, ja, undankbar dankbar! Als das kaiserliche Gefolge Einzug hielt, fielen die Menschen im Spalier, wie immer, aufs Gesicht, aber das war kein Vergleich mit dem früheren In-den-Staub-Fallen. In der guten alten Zeit, mein lieber Freund, war das halt noch ein richtiges Fallen, fast ein Einsinken, zu Staub und Asche zerfallen, sich zitternd und bebend am Boden krümmen, die Hände ausstrecken und Erbarmen heischen. Aber jetzt? Sicher, sie fielen auf das Gesicht, aber es war so ein lebloses Fallen, so verschlafen, gewissermaßen erzwungen, aus purer Gewohnheit, langsam und träge, mit einem Wort ablehnend. So ist es, sie fielen ablehnend, halbherzig, launisch in den Staub, es schien, daß sie fielen, aber im Innersten der Seele stehenblieben, daß sie lagen, aber in Gedanken saßen, scheinbar demutsvoll, aber im Herzen voll Widerspruch. Aber keiner im kaiserlichen Gefolge bemerkte das, und selbst wenn einem vielleicht sogar eine gewisse Trägheit und Schwerfälligkeit der Untertanen aufgefallen wäre, hätte er darüber kein Wort verloren, denn jeder laut geäußerte Zweifel wurde im Palast höchst ungnädig aufgenommen. Die Würdenträger hatten im allgemeinen nur wenig Zeit, wenn aber jemand Zweifel laut werden ließ, mußten sie alles liegen- und stehenlassen und sich bemühen, seine Zweifel zu verscheuchen und ihn selbst aufzurichten und ihm Mut zuzusprechen.

Nach seiner Rückkehr in den Palast erhielt der ehrwürdige Herr einen Spitzelbericht von Handelsminister Ketema Yfru, der den Finanzminister beschuldigte, durch die Einführung von hohen Zöllen die Hilfslieferungen für die Hungernden unterbrochen zu haben. Unser allmächtiger Herrscher aber rügte Herrn Yelma Deresa mit keinem einzigen Wort — im Gegenteil, im Antlitz des Monarchen malte sich Zufriedenheit, denn unser Herr hatte jene Hilfe nie gern gesehen; das ganze Aufsehen, das damit verbunden war, das Seufzen und Kopfschütteln über die ausgemergelten Gestalten, die vom Hungertod bedroht waren, das alles störte das würdige und imponierende Bild des Kaiserreiches, das, allen Widrigkeiten zum Trotz, unaufhaltsam den Weg der Entwicklung ging, aufholte und sogar überholte. Von diesem Moment an brauchten wir keine Hilfe und Spenden mehr. Den Hungerleidern mußte es genügen, daß unser allergütigster Herr ihrem Schicksal seine größte Aufmerksamkeit schenkte — das war schon ein ganz besonderes Geschenk von unfaßbarer Größe. Es verlieh den Untertanen die tröstliche und herzerquickende Gewißheit, daß unser leutseliger Herr ihnen jedesmal, wenn sie ein Schicksalsschlag oder Unglück heimsuchen sollte, Mut zusprechen würde — indem er nämlich ihrem Schicksalsschlag oder Unglück seine größte Aufmerksamkeit schenkte.

D.:
Das letzte Jahr! Ja, aber wer hätte damals vorhersehen können, daß neunzehnhundertvierundsiebzig unser letztes Jahr sein würde? Ohne Zweifel, man verspürte eine gewisse Verschwommenheit, ein wehmutsvolles, chaotisches Mißlingen, vielleicht auch

einen bestimmten Widerstand, eine seltsame Schwere in der Luft, Nervosität und Spannung, ein Erschlaffen, ein Aufhellen und dann wieder Verdüstern, aber daß wir so direkt und plötzlich in den Abgrund stürzen sollten? Das war es? Alles vorbei? Du schaust, aber der Palast ist aus deinem Blickfeld verschwunden. Du suchst, aber du findest ihn nicht. Du fragst, aber niemand kann dir sagen, wo er geblieben ist. Und alles begann — aber das ist es ja eben, daß es so oft begonnen, aber nie geendet hat, daß es so viele Anfänge, aber kein endgültiges Finale gegeben hat; durch dieses nie enden wollende Beginnen, diese Anfänge ohne Finale, gewöhnt sich unsere Seele an alles, fanden wir Trost in dem Gedanken, daß wir uns immer irgendwie herauswinden, uns wiederaufrichten könnten, daß es uns gelänge, unsere Habe festzuhalten, daß wir das Ärgste überstehen würden.

Aber irgendwann schlich sich in dieses Denken ein Fehler ein. Im Januar neunzehnhundertvierundsiebzig fuhr General Beleta Abebe auf eine Inspektionsreise in den Ogaden, wo er in der Kaserne von Gode haltmachte. Am nächsten Tag erreichte den Palast eine unglaubliche Meldung: Der General wurde von den Soldaten verhaftet, und sie zwingen ihn zu essen, was sie auf den Tisch bekommen. Das Essen in jener Kaserne war offenbar so miserabel, daß die Befürchtung laut wird, der General würde erkranken und sterben. Der Kaiser entsendet eine Fallschirmeinheit seiner Garde, die den General befreit und ins Spital bringt. Nun sollte es aber, mein lieber Herr, zu einem großen Krach kommen, denn der allmächtige Herrscher hat in der Stunde der Armee und Polizei den Streitkräften immer große Beachtung geschenkt, ständig den Sold und das Verteidigungsbudget erhöht, und plötzlich stellt sich heraus, daß die Herren Generäle alle Erhöhungen in die eigenen Taschen gesteckt und riesige Vermögen angehäuft haben. Aber der Kaiser erteilt keinem einzigen seiner Generäle einen Verweis, sondern ließ die rebellischen Soldaten in Gode auseinanderjagen.

Nach diesem unangenehmen Ereignis, wert, bald vergessen zu werden, das eine gewisse Insubordination in der Armee signalisierte — und wir besaßen die größte Armee in Schwarzafrika, auf die unser mächtiger Herrscher nicht wenig stolz war —, zog Ruhe ein, aber nur für ganz kurze Zeit, denn schon einen Monat später langte im Palast eine neue Meldung ein, ebenso unerhört wie die erste! In der südlichen Provinz Sidamo, in der Garnison Negele, rufen die Soldaten zur Rebellion auf und sperren die höheren Offiziere ein. Es begann damit, daß in jenem gottverlassenen tropischen Nest die Brunnen der Soldaten versiegten und die Offiziere den Soldaten verboten, Wasser aus ihren Brunnen, den Offiziersbrunnen, zu nehmen. Der Durst verwirrte den Soldaten die Sinne, und sie begannen einen Aufruhr. Man hätte die Fallschirmeinheit der Kaiserlichen Garde hinschicken sollen, um Ruhe zu schaffen und die Aufständischen Mores zu lehren, aber erinnere dich, mein lieber Freund, wir befinden uns im schrecklichen und unfaßbaren Monat Februar, in dem auch in der Hauptstadt Ereignisse von so plötzlicher und revolutionärer Wucht ausbrachen, daß alle die meuternden Soldaten vergaßen, die im fernen Negele die Offiziersbrunnen erobert hatten und sich die Bäuche mit Wasser vollschlugen. Man mußte nämlich einen Aufruhr ersticken, der in unmittelbarer Umgebung des Palastes ausgebrochen war.

Die Ursache dieser ungestümen Erhebung, die sich nun der Straßen bemächtigte, war völlig verblüffend! Es genügte, daß der Handelsminister den Preis für Benzin heraufsetzte. Als Antwort darauf begannen die Taxifahrer zu streiken. Am folgenden Tag streikten auch die Lehrer. Gleichzeitig gingen die Mittelschüler auf die Straße und stürmten die städtischen Autobusse, die sie in Brand steckten — hier muß ich aber einflechten, daß die Autobusgesellschaft Eigentum unseres erhabenen Herrn war. Die Polizei versucht, die Ausschreitungen einzudämmen, und greift sich fünf Schüler, die dann, sozusagen zum Spaß, einen steilen Hügel hinuntergestoßen werden, während von oben Polizisten auf die rollenden Buben schießen. Drei bleiben tot liegen, zwei sind schwer verletzt. Nach diesem Ereignis kommt es zu einem unglaublichen Durcheinander: Verwirrung, Verzweiflung, Verleumdung! Die Studenten kommen den Mittelschülern zu Hilfe und schließen sich den Demonstrationen an, sie denken gar nicht mehr daran, sich dankbar und eifrig zu bilden, sondern stecken überall frech ihre Nasen hinein und säen Unruhe. Nun stürmen sie direkt gegen den Palast, und die Polizei eröffnet das Feuer, haut mit den Knüppeln drein, nimmt Verhaftungen vor und hetzt die Studenten mit

Hunden, aber es hilft nichts; um die Situation zu beruhigen, befiehlt unser gütiger Herr, die Benzinpreiserhöhung rückgängig zu machen. Aber die Straße will nicht zur Ruhe kommen!

Zu allem Überfluß kommt, wie ein Blitz aus heiterem Himmel, die Nachricht, in Eritrea habe sich die Zweite Division erhoben. Die meuternden Soldaten nehmen Asmara ein, verhaften ihren General, werfen den Gouverneur der Provinz in den Kerker und verlesen über den Rundfunk eine gottlose Proklamation. Sie fordern Gerechtigkeit, mehr Sold und menschliche Begräbnisse. Eritrea machte damals schwere Zeiten durch, mein lieber Freund, die Armee war in Kämpfe mit den Partisanen verstrickt, und zahlreiche Menschen fanden den Tod. Aus diesem Grund gab es schon seit langer Zeit ein Problem mit den Begräbnissen, das darin bestand, daß — um die Kriegskosten möglichst niedrig zu halten — nur Offiziere ordentlich bestattet wurden, die Leichen der gewöhnlichen Soldaten wurden den Hyänen und Geiern zum Fraß überlassen. Und diese Ungleichheit war nun das auslösende Moment für die Rebellion. Am nächsten Tag schließt sich die Kriegsmarine den Meuterern an, und ihr Kommandant, ein Enkel des Kaisers, muß nach Djibouti fliehen. Welche Schande, daß ein Mitglied des Kaiserhauses sich auf so unwürdige und ehrlose Weise in Sicherheit bringen muß! Aber die Lawine, mein guter Herr, ist nicht mehr aufzuhalten, denn noch am selben Tag rebelliert auch die Luftwaffe. Über der Stadt kreisen Flugzeuge, und es gehen Gerüchte um, daß sie Bomben abwerfen. Am darauffolgenden Tag meutert unsere größte und beste Division, die Vierte, die unverzüglich die Hauptstadt umzingelt, mehr Sold verlangt und darauf besteht, daß die Herren Minister und andere Würdenträger vor Gericht gestellt werden, weil sie sich — wie die erzürnten Soldaten es ausdrücken — häßlich korrumpiert haben und am Pranger zu stehen verdienen. Nachdem nun die Vierte Division in Flammen stand, war die Gefahr nicht auszuschließen, daß das Feuer auch bald den Palast erfassen würde; man mußte sich also rasch in Sicherheit bringen. Noch in derselben Nacht verkündet unser großmütiger Herr eine Solderhöhung, fordert die Soldaten auf, in die Kasernen zurückzukehren und rät ihnen zu Ruhe und Besonnenheit. Er selbst befiehlt, in Sorge um das Image des Kaiserreiches, Premierminister Aklilu und seiner gesamten Regierungsmannschaft, ihren Rücktritt einzureichen. Und dieser Befehl ist unserem Herrn sicher nicht leichtgefallen, denn obwohl Aklilu allgemein unbeliebt, ja verhaßt war, betrachtete der Kaiser ihn doch als seinen Schüler und Vertrauten. Gleichzeitig berief unser Herr den Würdenträger Endelkachew zum neuen Premierminister, einen Mann, der allgemein als Liberaler galt, gebildet und fähig, schöne Sätze zu drechseln.

N. L. E.:
Ich war damals Titularbeamter in der Rechnungsabteilung im Büro des Großen Hofkanzlers. Die Regierungsveränderung bedeutete eine Unmenge Arbeit für uns, denn unsere Abteilung war damit be-

schäftigt, die Instruktionen des Kaisers betreffend Prinzip, Reihenfolge und Häufigkeit der Erwähnung einzelner Würdenträger und Höflinge zu überwachen. Um diese Angelegenheit mußte sich unser Herr höchstpersönlich kümmern, denn jeder einzelne Würdenträger wollte seinen Namen ständig genannt haben, und zwar in möglichst naher Verbindung mit dem Namen des allgewaltigen Herrschers. Aus diesem Grund gab es ständig Zerwürfnisse, Hader und Intrigen um die Frage, wer erwähnt werden soll und wer nicht, wie oft und an welcher Stelle. Und obwohl wir ganz präzise Anweisungen und Vorschriften vom Thron hatten, wer erwähnt werden soll und wie oft, hatte sich am Hof schon so eine zügellose Gier und Freizügigkeit breitgemacht, daß wir, die subalternen Beamten, unablässig von Würdenträgern bestürmt wurden, ihre Namen doch außerhalb der geltenden Norm und Reihenfolge zu nennen. »Erwähne mich! Erwähne mich!« flehte bald der eine, bald der andere, »und wenn du selbst etwas brauchst, kannst du auf mich zählen.« Darf man sich wundern, daß wir verlockt wurden, diesen oder jenen Würdenträger über die festgesetzte Norm hinaus zu erwähnen und uns so mächtige Beschützer zu verschaffen? Das Risiko aber war nicht zu verachten, denn die Gegner zählten genau mit, wie oft ein Name genannt worden war, und wenn sie irgendeinem Überschuß auf die Spur kamen, eilten sie sogleich zum ehrwürdigen Herrn und hinterbrachten es ihm, der dann entweder eine Rüge erteilte oder die Wogen zu glätten versuchte. Am Ende erließ der Große Hofkanzler eine Verordnung, Nenn-Karten für die einzelnen Würdenträger auszustellen, auf denen jeweils vermerkt wurde, wie oft jeder erwähnt worden war; dann wurde ein monatlicher Bericht verfaßt und dem erhabenen Herrn vorgelegt, der Anweisung gab, welcher Name in Zukunft etwas öfter und welcher weniger oft genannt werden sollte. Nun mußten wir alle Karten des Kabinetts von Aklilu wegwerfen und neue ausstellen. Wir wurden von allen Seiten unter Druck gesetzt, denn die neuen Minister wollten um alles in der Welt möglichst oft erwähnt werden, jeder wollte da bei einem Empfang teilnehmen, dort bei anderen Festivitäten, um aus diesem oder jenem Anlaß erwähnt zu werden.

Kurz nach dem Regierungswechsel landete ich auf der Straße, weil ich in einer unerklärlichen und unentschuldbaren Gedankenlosigkeit einmal versäumt hatte, den neuen Hofminister, Herrn Yohannes Kidane, zu erwähnen. Dieser geriet so in Rage, daß er mich, ungeachtet meines Flehens um Gnade, unverzüglich auf die Straße setzen ließ.

März — April — Mai

S.:
Ich brauche dir nicht zu erklären, mein Freund, daß wir einer teuflischen Verschwörung zum Opfer fielen. Wenn die nicht gewesen wäre, würde der Palast noch tausend Jahre stehen, denn kein Palast bricht von selbst zusammen. Aber was ich heute weiß, das habe ich gestern, als wir auf den Abgrund zusteuerten, noch nicht gewußt — umnebelt und verblendet, unser

Denken vergiftet, hochmütig auf unsere Macht und Größe vertrauend, sahen wir das Ende nicht kommen. Dabei sind die Straßen der Hauptstadt ständig in Aufruhr! Alle demonstrieren — Studenten, Arbeiter und Muselmanen, alle fordern mehr Rechte, streiken, halten Versammlungen ab und verfluchen die Regierung. Ein Bericht langt ein über eine Rebellion der Dritten Division, die im Ogaden steht. Jetzt gärt es bereits in der ganzen Armee, die sich gegen die Staatsmacht erhebt, allein die Kaiserliche Garde beweist noch Loyalität. Die schamlose Anarchie und verleumderische Agitation, die alle zulässigen Grenzen überschreiten, wecken ein unheilvolles Flüstern im Palast; die Höflinge werfen einander scheele Blicke zu, und eine stumme Frage liegt in aller Augen: Was wird geschehen? Was sollen wir tun? Der ganze Hofstaat ist niedergedrückt und entmutigt, durch den Palast geht ein Wispern und Raunen, hier pst! pst!, dort pst! pst!, die Würdenträger schleichen mit bleiernen Füßen durch die Gänge, drängen sich in den Winkeln zusammen, halten geheime Beratungen ab und verfluchen das Volk. Und die Flüche und Vorwürfe, die Mißgunst und Abneigung zwischen dem Palast und der Straße nehmen zu und vergiften die Atmosphäre.

Ich würde sagen, daß sich im Palast langsam drei Fraktionen herausbilden. Die erste Fraktion, die Kerkerleute, eine unversöhnliche und unbarmherzige Clique, möchte lieber heute als morgen Recht und Ordnung wiederherstellen und fordert, alle Unruhestifter zu verhaften, die Aufrührer in den Kerker zu

werfen, Knüppel und Strick regieren zu lassen. Diese
Clique wird von der Tochter des Kaisers, Tenene
Work, angeführt, einer zweiundsechzigjährigen, ständig mürrischen und verbitterten Dame, die dem erhabenen Herrn unablässig seine Gutherzigkeit vorwirft.
Die zweite Fraktion bilden die Redner, eine Clique
von liberalen Schwächlingen und Philosophen, die
die Ansicht vertreten, man müsse die Aufrührer an
den Verhandlungstisch bitten, mit ihnen reden und
anhören, was sie im Kaiserreich geändert und verbessert haben wollen. Ihr Wortführer ist Prinz
Mikael Imru, ein offener Geist, zu Kompromissen
bereit, viel in der Welt herumgekommen. Ein Mann,
der die entwickelten Länder kennt. In der dritten
Fraktion schließlich sammeln sich die Schwimmer,
die meiner Meinung nach im Palast die größte Gruppe
ausmachen. Sie vertreten keine Ansicht, rechnen
aber damit, daß die Woge der Ereignisse sie wie einen
Korken auf dem Wasser dahintragen würde; am Ende
würden sich die Dinge schon wieder einrichten und sie
selbst in einen glücklichen Hafen gespült werden. So
zerfiel also der Hof in die Kerkerleute, Redner und
Schwimmer, und jede Clique begann nun ihre Argumente vorzutragen, aber nicht offen, sondern heimlich, ja im Untergrund, denn unser huldreicher Herr
konnte Fraktionen nicht ausstehen, weil ihm nämlich
alles Schwätzen, Drängen und störendes Insistieren
in der Seele zuwider war. Das Entstehen dieser Fraktionen, die sich untereinander bekämpften, mit
Schmutz bewarfen, einander die Augen auskratzten
und wild mit den Armen ruderten, hatte aber zur

Folge, daß sich der Palast für kurze Zeit wiederbelebte. Der alte Schwung kehrte zurück, und man fühlte sich wieder zu Hause.

L. C.:
In jenen Tagen fiel es unserem Herrn immer schwerer, sich von seinem Lager zu erheben. Er schlief schlecht und oft auch ganze Nächte überhaupt nicht, dann nickte er untertags immer wieder ein. Mit uns sprach er kein Wort; sogar während der Mahlzeiten, die er im Kreise seiner Familie einnahm — er selbst aß übrigens fast nichts mehr —, kam kaum ein Wort über seine Lippen. Nur in der Stunde der Spitzelberichte lebte er auf, denn seine Vertrauten hinterbrachten ihm jetzt die interessante Nachricht, daß in der Vierten Division eine Verschwörung der Offiziere im Gang sei, die ihre Agenten in allen Garnisonen und Polizeistationen des Landes hätten, aber wer an diesem Komplott beteiligt sei, vermochten die Informanten dem Kaiser nicht zu sagen, so geheim und konspirativ ging alles vor sich. Die Informanten erzählten später, der ehrwürdige Herr hätte sie willig angehört, aber keinerlei Anweisungen erteilt und auch beim Zuhören keine Fragen gestellt. Es erstaunte sie auch, daß die Berichte keine Folgen hatten und der ehrwürdige Herr, statt Verhaftungen und Hinrichtungen anzuordnen, ruhig durch den Park spazierte, die Panther fütterte, den Vögeln Körner hinstreute und schwieg. Mitte April ordnete unser Herr, unbekümmert vom Aufruhr draußen in den Straßen, im Palast eine prächtige Nachfolge-Feier an.

Die Würdenträger versammelten sich im Großen Thronsaal und warteten flüsternd und tuschelnd, wen der Kaiser zu seinem Thronfolger ernennen würde. Das war etwas Neues, denn früher hatte unser Herr alle Gerüchte und Kommentare über seine Nachfolge immer streng verboten. Jetzt verkündete der gütige Herr, von der Zeremonie offenbar selbst so gerührt, daß seine brechende und flüsternde Stimme kaum zu verstehen war, er wolle in Hinblick auf sein fortgeschrittenes Alter und die immer öfter an sein Ohr dringenden Rufe des Obersten Richters — nach seinem frommen Hinscheiden — seinen Enkel Zera Yakob zum Thronfolger ernennen. Der zwanzigjährige Jüngling studierte damals in Oxford; er war aus dem Land geschickt worden, weil er mit seinem allzu losen Lebenswandel seinem Vater, Prinz Asfa Wossen, dem einzigen überlebenden Sohn des Kaisers, der völlig gelähmt und für immer an ein Spitalsbett in Genf gefesselt war, viel Kummer bereitet hatte. Und obwohl dies der Wille unseres Herrn in bezug auf die Thronfolge war, begannen die älteren Würdenträger und greisen Mitglieder des Kronrates zu murren und sogar heimlich zu protestieren, sie würden nie so einer Rotznase dienen, denn dies wäre eine Beleidigung für ihr würdiges Alter und ihre zahllosen Verdienste. Gleich bildete sich eine Anti-Nachfolge-Clique, die sich den Kopf darüber zerbrach, wie sie jene Kerkerdame, Tenene Work, die Tochter des Kaisers, auf den Thron bringen könnte. Wenig später machte sich noch eine zweite Fraktion bemerkbar, die einen anderen Enkel des Kaisers, Prinz Makonen, der damals in Amerika eine Offiziersschule besuchte, auf dem Thron sehen wollte.

Und inmitten dieser Intrigen und Ränke um die Nachfolge, mein Freund, die so plötzlich den Hof überschwemmten und in eine geschwätzige und verbissene Geschäftigkeit stürzten, die keinem Zeit ließ, auch nur einen Gedanken an die Geschehnisse im Kaiserreich oder zumindest in den Straßen rund um den Palast zu verschwenden, mitten in diesem Wirrwarr also marschiert unerwartet — wer hätte damit gerechnet! — die Armee in die Stadt ein und verhaftet über Nacht alle Minister der früheren Regierung Aklilu. Sogar Aklilu selbst und zweihundert Generäle und hohe Offiziere, die für ihre unerschütterliche Loyalität gegenüber dem Kaiser bekannt sind, wandern hinter Gitter. Noch hat sich niemand von diesem unvorhergesehenen Schlag erholt, als die Meldung eintrifft, die Rebellen hätten den Chef des Generalstabs, General Assefa Ayena, verhaftet, den loyalsten Diener des Kaisers, der dem Monarchen in den Dezemberereignissen den Thron gerettet hatte, indem er die Gruppe um die Gebrüder Neway vernichtete und die Kaiserliche Garde auseinanderjagte. Im Palast herrschen Furcht, Bestürzung, Verwirrung und Konfusion. Die Kerkerleute dringen in den Kaiser, er müsse handeln, die Festgenommenen heraushauen lassen, die Studenten vertreiben, die Rebellen hängen. Der gütige Herr hört alle Ratschläge an, stimmt zu und ermuntert. Die Redner hingegen meinen, dies sei nun die letzte Gelegenheit, sich an den Verhandlungstisch zu setzen, die Rebellen zu überzeugen, das Kaiserreich in Ordnung zu bringen und zu verbessern. Auch sie hört der weise Herr an, stimmt zu und ermuntert. Die Tage vergehen, und die Rebellen holen zuerst diesen, dann jenen aus dem Palast und setzen sie hinter Gitter. Und die Kerkerdame macht dem huldreichen Herrn bittere Vorwürfe, weil er seine loyalen Würdenträger nicht beschütze. Aber so ist das nun einmal, mein lieber Freund, je größer die Loyalität, die einer an den Tag legt, um so schlimmer der Fußtritt, den er später empfängt, denn wenn eine Clique ihn aufs Korn nimmt, läßt der Herr ihn wortlos fallen; die Prinzessin konnte das offenbar nicht begreifen und war dafür, die Loyalen zu schützen.

Der Mai zog ins Land, und es war höchste Zeit, das Kabinett von Premierminister Makonen zu vereidigen. Aber das Kaiserliche Protokoll meldet, die Vereidigung verspreche schwierig zu werden, denn die Hälfte der Minister sei entweder bereits verhaftet oder ins Ausland geflüchtet, oder aber sie ließen sich nie im Palast blicken. Der Premierminister aber wird von den Studenten beschimpft und mit Steinen beworfen — Makonen hatte es irgendwie nie recht verstanden, sich bei den Menschen beliebt zu machen. Gleich nach seiner Ernennung schien er aufzuquellen, von innen heraus anzuschwellen, er trieb auf, und sein Blick war so in die Ferne gerichtet und getrübt, daß er niemanden mehr erkannte. Niemand verstand es, mit ihm umzugehen. Eine hochmütige Kraft schob ihn durch die Gänge und ließ ihn in den Salons erscheinen, die er unzugänglich betrat und ebenso wieder verließ. Überall, wo er auftauchte, begann er einen Gottesdienst für sich selbst zu zelebrieren. Die anderen stimmten gehorsam ein, sangen sein Loblied, schwangen den Weihrauchkessel und huldigten ihm in Ehrfurcht. Schon damals war allgemein bekannt, daß Makonen sich nicht lange halten würde, denn weder die Soldaten noch die Studenten wollten ihn haben. Ich kann mich heute nicht einmal mehr erinnern, ob es je zu einer Vereidigung kam, denn ein Minister nach dem anderen wanderte ins Gefängnis. Die Schläue der Rebellen, mein Freund, war wirklich erstaunlich. Wenn sie nämlich jemanden in den Kerker steckten, verkündeten sie sogleich, dies geschehe im Namen des Kaisers, und sie beeilten sich, unseren Herrn ihrer Loyalität zu versichern, was dem Monarchen tiefe Befriedigung verschaffte. Wenn dann Tenene Work zu ihrem Vater kam, um sich über die Armee zu beklagen, rügte er sie und lobte die Treue und Hingabe der Streitkräfte. Dafür sollte er bald einen neuen Beweis erhalten, denn Anfang Mai organisierten die Veteranen vor dem Palast einen Loyalitätskundgebung, brachten Vivatrufe auf den erhabenen Herrn aus, und der ehrwürdige Monarch trat auf den Balkon, dankte der Armee für ihre unerschütterliche Treue und wünschte ihr weiteren Erfolg und Wohlergehen.

Juni — Juli

U. Z-W.:
Im Palast herrschen Entmutigung und Niedergeschlagenheit, alle warten, was morgen sein werde —

da beruft unser Herr plötzlich seine Ratgeber zu sich, erteilt ihnen eine Rüge, weil sie den Fortschritt vernachlässigten, und nach dieser Kopfwäsche tut er kund, wir würden am Nil riesige Staudämme errichten. Wie sollen wir Staudämme errichten, grummeln die verblüfften Ratgeber, die Provinzen hungern, das Volk rebelliert, die Clique der Redner meint, man müsse das Kaiserreich in Ordnung bringen, die Offiziere konspirieren und werfen die Notabeln in den Kerker. Sogleich geht ein aufsässiges Wispern durch die Gänge, es wäre besser, den Hungerleidern zu essen zu geben und die Dämme zu vergessen. Darauf antwortet unser Finanzminister, mit Hilfe der geplanten Dämme könnten wir die Felder bewässern und eine so reiche Ernte einbringen, daß es in Zukunft keine Hungerleider mehr geben würde. Ja, ja, murmeln die, die in den Gängen gewispert haben, aber wie lange wird es dauern, bis die Dämme errichtet sind, und in der Zwischenzeit stirbt die ganze Nation am Hunger. »Die Nation stirbt schon nicht«, tröstet der Finanzminister, »sie ist bis heute nicht gestorben, sie wird auch jetzt nicht sterben. Wenn wir aber jene Dämme nicht bauen, wie sollen wir dann einholen und überholen?« »Aber wen wollen wir denn überhaupt einholen?« murmeln die Wisperer. »Was heißt hier, wen?« fragt der Finanzminister, »Ägypten natürlich!« »Aber Ägypten, mein Lieber, ist viel reicher als wir und hat es trotzdem nicht fertiggebracht, aus eigener Kraft seine Dämme zu bauen, wo sollen denn wir die Mittel für unsere Dämme finden?« Nun geriet der Minister in Zorn über die kleinmütigen Nörgler und begann sie zu belehren, wie wichtig es sei, Opfer für den Fortschritt zu bringen; wenn wir jene Dämme nicht errichten, wo bleibe dann der Fortschritt? Und habe nicht unser Herr selbst befohlen, jeder einzelne müsse sich ständig entwickeln, mit ganzem Herzen, keinen Moment nachlassend? Dann verkündete der Informationsminister den Beschluß des erhabenen Herrn und nannte ihn einen neuen Erfolg, und ich kann mich sogar erinnern, daß innerhalb kurzer Zeit überall in der Hauptstadt ein Slogan auftauchte: Wenn nur erst die Dämme stehn / Dann wird's uns allen bessergehn / Laßt die Nörgler nur kritteln und schrein / Bald werden die Dämme errichtet sein!

Aber die ganze Angelegenheit erzürnte die konspirierenden Offiziere dermaßen, daß sie die Kaiserliche Kommission, die vom erlauchten Herrn eingesetzt worden war, um den Bau der Staudämme zu überwachen, wenige Tage später in Haft setzten. Der Dammbau, erklärten sie, würde nur die Korruption verstärken und den Hunger der Nation vergrößern. Ich persönlich war immer der Meinung, das Vorgehen der genannten Offiziere habe unseren Herrn besonders empfindlich gekränkt, denn er spürte, wie die Bürde der Jahre immer schwerer auf seine Schultern drückte, und wollte daher ein imposantes, von der ganzen Welt bewundertes Monument seiner Größe hinterlassen, damit noch viele Jahre später jeder, der die kaiserlichen Staudämme zu Gesicht bekäme, bewundernd ausriefe: »Sieh da! Wohl nur der Kaiser selbst vermochte solch ein Wunderwerk zu errichten, ganze Gebirge über den Fluß zu schleudern!« Hätte der Kaiser aber, um es von einer anderen Warte aus zu betrachten, jenem Wispern und Zagen sein Ohr geschenkt, das die Speisung der Hungrigen über die Errichtung der Staudämme stellen wollte, was hätte er schon gewonnen? Auch wenn die Hungrigen einmal satt sind, werden sie sterben, und sie werden keine Spur hinterlassen — weder von sich selbst noch vom Kaiser.

Mein Gesprächspartner grübelt lange, ob der Kaiser schon damals an sein Abtreten dachte. Er hatte immerhin einen Thronfolger ernannt und Auftrag gegeben, ein die Jahrhunderte überdauerndes Denkmal für sich in Gestalt jener Dämme am Nil zu errichten. (Was für eine großzügige Idee, verglichen mit den anderen, brennenden Bedürfnissen des Kaiserreiches!) Er meint jedoch, es wäre hier etwas anderes im Spiel gewesen. Indem er seinen jungen Enkel zum Thronfolger ernannte, wollte er seinen Sohn für die schmachvolle Rolle bestrafen, die jener in den Dezemberereignissen des Jahres neunzehnhundertsechzig gespielt hatte. Mit der Anordnung, am Nil Staudämme zu errichten, wollte er der Welt vor Augen führen, wie das Kaiserreich blüht und gedeiht, und ihr sagen, daß alle Gerüchte über Armut und Korruption nur böswilliges Geschwätz der Feinde der Monarchie sind. In Wirklichkeit, sagt er, war der Gedanke an ein Abtreten der Natur des Kaisers vollkommen fremd, denn er betrachtete das Reich als seine persönliche Schöpfung und war fest davon überzeugt, mit seinem Abgang würde das Land zerfallen und zugrunde gehen. Sollte er etwa sein eigenes Werk vernichten? Mehr noch, sollte er sich, indem er die Mauern *des Palastes verließ, freiwillig den Schlägen seiner Feinde ausliefern, die auf der Lauer lagen? O nein, es kam gar nicht in Frage, den Palast zu verlassen; im Gegenteil, nach einer kurzen Phase einer greisenhaften Depression schien der Kaiser von den Toten aufzuerstehen, wiederaufzuleben, neue Kraft zu schöpfen, und in seinem vom Alter gezeichneten Gesicht konnte man sogar einen gewissen Stolz entdecken — daß er so tüchtig war, so scharfsinnig und so gebieterisch.*

Es kam der Juni, der Monat, in dem die Verschwörer, die ihre Kräfte entscheidend verstärkt hatten, ihre tückischen Angriffe gegen den Palast neuerlich aufnahmen. Die alles zerstörende Tücke beruhte darin, daß sie das System mit dem Namen des Kaisers auf den Lippen zerschlugen, als erfüllten sie seinen Willen und verwirklichten beflissen seine eigenen Pläne. Nun beriefen sie auch — und sie sagten, es geschehe im Namen des Kaisers — eine Kommission zur Untersuchung der Korruption unter den Würdenträgern ein, die deren Konten, Grundbesitz und anderen Güter überprüfen sollte. Die Menschen des Palastes fielen in Panik, denn in einem armen Land, in dem der Reichtum nicht aus fleißiger Produktion, sondern außergewöhnlichen Privilegien stammt, konnte kein Würdenträger ein reines Gewissen haben. Die Feiglinge dachten an eine Flucht ins Ausland, aber die Militärs hatten den Flughafen gesperrt und alle Auslandsreisen verboten. Eine neue Welle der Verhaftungen setzte ein, Nacht für Nacht verschwanden Menschen des Palastes, der kaiserliche Hof wurde immer leerer. Große Aufregung löste die Nachricht von der Verhaftung von Prinz

Asrate Kassa aus, der dem Kronrat vorstand und nach dem Kaiser die zweite Person im Reiche war. Hinter Schloß und Riegel befanden sich auch der Außenminister, Minassie Haile, und mehr als hundert weitere Würdenträger. Zur selben Zeit besetzte die Armee die Rundfunkstation und gab zum ersten Mal bekannt, daß an der Spitze der Erneuerungsbewegung ein Koordinationskomitee der Streitkräfte und Polizei stehe, das — wie sie immer noch betonten — im Namen des Kaisers handle.

G.: Die ganze Welt, mein lieber Freund, stand kopf, denn am Himmel erschienen seltsame Zeichen. Mond und Jupiter blieben im siebten und zwölften Haus des Himmels stehen und begannen, statt sich in Richtung des Dreiecks zu bewegen, unheilverkündend die Gestalt eines Quadrates zu bilden. In der Folge flohen nun die Inder, die am Hofe die Zeichen deuteten, aus dem Palast — wahrscheinlich hatten sie Angst, den ehrwürdigen Herrn mit einem bösen Omen zu reizen. Aber Prinzessin Tenene Work traf sich wohl weiter mit jenen Indern, denn sie lief aufgeregt durch den Palast und drangsalierte den alten Herrn, er möge Verhaftungen vornehmen und Hinrichtungen anordnen. Und auch die übrigen Kerkerleute drangen auf den erhabenen Herrn ein und flehten ihn sogar auf Knien an, die Verschwörer aufzuhalten und in den Kerker zu werfen. Wie verschlug es ihnen aber die Sprache, als sie sahen, daß der ehrwürdige Herr nun täglich seine Armeeuniform anlegte, mit den Orden klimperte und den Marschallstab in der Hand trug, gleichsam als sichtbares Zeichen, daß er immer noch seine Armee anführte, an ihrer Spitze stand und sie befehligte. Es macht nichts, wenn diese Armee sich gegen den Palast erhebt — ja, sie erhebt sich, aber unter seiner Führung, es ist immer noch seine treue und loyale Armee, die alles im Namen des Kaisers macht! Sie rebellieren. Ja, aber sie rebellieren loyal!

Das war es, mein Freund, der erhabene Herr wollte alles beherrschen. Selbst wenn es eine Rebellion gab, wollte er über die Rebellion herrschen, auch wenn sie sich gegen seine eigene Krone richtete. Die Kerkerleute murmeln, offensichtlich sei unser Herr umnebelt, wenn er nicht begreifen könne, daß er mit seinem Vorgehen seinen eigenen Sturz überwache. Aber der gütige Herr hört auf niemanden und empfängt im Palast eine Delegation jenes Komitees, auf Amharisch Derg genannt, schließt sich mit ihm in seinem privaten Arbeitszimmer ein und konferiert mit den Verschwörern! In diesem Augenblick, mein Freund, das muß ich beschämt gestehen, ging ein gottloses und bedauerliches Raunen durch die Gänge des Palastes, unser Herr sei nicht mehr ganz richtig im Kopf, denn jener Delegation gehörten normale Sergeanten und Korporale an, und wer hätte es sich je vorstellen können, daß sich unser erlauchter Herr mit solch einer niedrigen Soldateska an einen Tisch setzt! Es ist heute schwer zu ergründen, worüber unser Herr mit jenen Leuten beraten hatte, aber gleich nachher setzten neue Verhaftungen ein, und der Palast wurde noch menschenleerer. Sie nahmen Prinz Mesfin Shileshi in Gewahrsam, und er war ein großer Mann, der eine eigene Armee besaß, die freilich sofort entwaffnet wurde. Sie setzten Prinz Worku Selassje gefangen, der unermeßliche Landgüter besaß. Sie sperrten den Schwiegersohn des Kaisers und Verteidigungsminister, General Abiye Abebe, ein. Zum Schluß sperrten sie Premierminister Endelkachew und ein paar seiner Minister ein. Nun wanderte bereits jeden Tag jemand ins Gefängnis, und immer sagten sie, es geschehe im Namen des Kaisers.

Die Kerkerdame ging herum und beschwor den erhabenen Vater, seine Härte zu zeigen. »Vater, behaupte dich«, sagte sie, »und zeig deine Härte!« Aber, um ehrlich zu sein, welche Härte kann man in so einem Alter schon zeigen? Unser Herr konnte sich jetzt nur seiner Nachgiebigkeit bedienen, und er stellte seine überragende Klugheit unter Beweis, indem er sich versöhnlich und konziliant zeigte, statt zu versuchen, den Widerstand mittels Härte zu brechen — auf diese Weise wollte er die Verschwörer beruhigen. Aber je nachgiebiger er sich gab, um so mehr Härte forderte die Kerkerdame, um so zorniger wurde sie angesichts seiner Weichheit, und nichts vermochte sie zu versöhnen und ihre Nerven zu besänftigen. Aber unser gütiger Herr wurde nie zornig, im Gegenteil, er lobte die Dame unablässig, sprach ihr Trost zu und ermutigte sie. In diesen Tagen kamen die Verschwörer immer öfter in den Palast, und unser Herr empfing sie, hörte sie an, rühmte ihre Loyalität und ermutigte sie. Das beglückte die Redner, die ständig dazu aufriefen, sich an den Verhandlungstisch zu begeben, das Kaiserreich in Ordnung zu bringen und die Wünsche der Rebellen zu erfüllen. Und jedesmal, wenn die Redner ein in diesem Geiste verfaßtes Memorandum ausarbeiteten und dem Kaiser vorlegten, rühmte der Herr ihre Loyalität, sprach ihnen Mut zu und ermunterte sie. Aber auch die Redner wurden von den Militärs einer nach dem anderen verhaftet, so daß ihre Reihen sich lichteten und ihre Stimmen immer schwächer erklangen.

Die Salons, Gänge, Korridore und Höfe wurden von Tag zu Tag leerer, doch niemand raffte sich zur Verteidigung des Palastes auf; niemand erteilte den Befehl, die Tore zu schließen und zu den Waffen zu rufen. Einer schaute den anderen an und dachte: Vielleicht nehmen sie ihn mit und mich lassen sie übrig? Wenn ich jetzt aber ein Geschrei gegen die Verschwörer erhebe, dann werden sie mich einstecken, die anderen aber in Ruhe lassen! Darum ist es besser, man sitzt still und schließt die Augen. Besser, nicht springen, damit sie mich nicht verschlingen. Besser, nicht schreien, sonst könnt' es mich reuen. Manchmal gingen alle nur zum Herrn und fragten ihn, was sie tun sollten, und der allmächtige Herrscher hörte ihre Klagen an, lobte und ermutigte sie. Später wurde es aber schwieriger, eine Audienz zu erhalten, denn der erhabene Herr war es müde, ständig nur Seufzen und Klagen, Denunziationen und Forderungen zu hören; am liebsten empfing er die Botschafter fremder Länder und ausländische Delegationen, denn diese brachten ihm Erleichterung, indem sie ihm Mut zusprachen, ihn lobten und ermunterten. Diese Botschafter, und auch die Verschwörer, waren die letzten Menschen, mit denen unser Herr vor seinem Hinscheiden sprach, und sie sagten übereinstimmend, er wäre bei guter

Gesundheit und im vollen Besitz seiner geistigen Kräfte gewesen.

D.:
Die Handvoll Kerkerleute, die noch im Palast verblieben war, schritt durch die Gänge und rief zu Taten auf. Wir müssen uns aufmachen, sagten sie, in die Offensive übergehen, etwas gegen die Unruhestifter unternehmen, sonst zerfällt alles auf elendige Weise. Aber wie soll man in die Offensive übergehen, wenn der ganze Hofstaat in der Defensive steht, wie kann man raten, wenn solche Ratlosigkeit herrscht, wie auf die Redner hören, die Veränderungen fordern, wenn sie nicht sagen, was man verändern und woher man die Kraft dafür nehmen soll? Alle Veränderungen mußten vom Monarchen ausgehen, brauchten seine Zustimmung und Unterstützung, sonst wurden sie zum Verrat, den strenger Tadel trifft. Dasselbe galt für alle Gunstbeweise — unser Herr allein konnte sie austeilen, und was einer nicht vom Thron bekommen hatte, das konnte er von niemandem erlangen. Aus diesem Grund quälte eine Sorge die Höflinge: Wenn unser Herr einmal nicht mehr wäre, wer würde ihnen dann seine Gunst erweisen und ihren Reichtum vermehren?

In unserem Palast, umzingelt und verurteilt, waren nun alle nach Kräften bemüht, die lähmende Passivität zu durchbrechen und etwas Wertvolles zu präsentieren, eine brillante Idee, Vitalität zu zeigen! Wer noch die Kraft dazu hatte, schritt durch die Gänge und zermarterte sich mit sorgengefurchter

Stirn den Kopf nach jener Idee, bis schließlich einer den Einfall hatte, man müsse eine Jubiläumsfeier organisieren. »Was ist denn das für eine Idee«, riefen die Redner empört, »sich jetzt mit einem Jubiläum die Zeit zu vertreiben! Dabei ist es nun wirklich die letzte Gelegenheit, sich an den Verhandlungstisch zu setzen, das Kaiserreich zu retten und in Ordnung zu bringen!« Die Schwimmer jedoch meinten, es wäre ein würdiges und den Untertanen Respekt abnötigendes Lebenszeichen, und sie machten sich voll Enthusiasmus daran, das Jubiläum in die Wege zu leiten, die Festivitäten zu planen und ein Freudenmahl für die Ärmsten der Armen vorzubereiten. Der Anlaß, mein Freund, bestand darin, daß unser Herr sein zweiundachtzigstes Lebensjahr vollendete, obwohl die Studenten, die nun in alten Papieren zu kramen begannen, ein großes Geschrei erhoben und riefen, er sei nicht zweiundachtzig, sondern schon zweiundneunzig, denn vor langer Zeit habe der Herr, so gifteten sie, ein paar Jahre von seinem Alter abgezogen. Aber die boshaften Zungen der Studenten konnten uns den Feiertag nicht vergällen, und der Informationsminister — wie durch ein Wunder nach wie vor auf freiem Fuße — nannte das Fest einen Erfolg und das beste Beispiel für Harmonie und Loyalität. Der Minister ließ sich durch keine Widrigkeit unterkriegen, denn er war scharfsinnig genug, noch im schlimmsten Verlust einen Gewinn zu entdecken, und er verstand alles so schlau zu drehen und zu wenden, daß er in der Niederlage einen Sieg erblickte, im Unglück Glück, in der Armut Wohlstand und in der Katastrophe Erfolg. Hätte er nicht alles so schlau zu wenden gewußt, wie hätte man jenen traurigen Festtag wunderbar nennen können?

Ein kalter Regen fiel an diesem Tag, und Nebelschwaden lagen über dem Boden, als unser Herr auf den Balkon des Palastes hinaustrat, um eine Thronrede zu halten. Neben ihm auf dem Balkon stand nur eine Handvoll Würdenträger, durchnäßt und niedergeschlagen, der Rest saß entweder hinter Gittern oder war ins Ausland geflüchtet. Volksmassen waren keine zu sehen, nur die Palastdiener und ein paar Soldaten der Kaiserlichen Garde, die am Rand des menschenleeren Hofes standen. Unser erhabener Herr versicherte den hungernden Provinzen sein Mitgefühl und erklärte, er würde keine Gelegenheit versäumen, das Kaiserreich weiter fruchtbar zu entwickeln. Er dankte auch der Armee für ihre Loyalität, lobte die Untertanen, ermutigte sie und wünschte ihnen allen Erfolg. Aber seine Worte waren so leise, daß man im Rauschen des Regens nur ein paar Satzfetzen verstand. Und du sollst wissen, mein Freund, daß mich diese Erinnerung bis zu meinem Grabe begleiten wird, denn ich höre noch heute die Stimme des Herrn, wie sie immer mehr bricht, und ich sehe vor mir, wie Tränen über sein greises Antlitz laufen. Und damals, ja, damals dachte ich zum ersten Mal daran, daß tatsächlich alles zu Ende geht, daß an diesem regnerischen Tag alles Leben versiegt und ein kalter und klebriger Nebel sich auf uns legt. Mond und Jupiter, die im siebten und zwölften Haus des Himmels stehengeblieben waren, formten die Gestalt eines Quadrates.

Die ganze Zeit über — wir haben den Sommer 1974 — ist ein großer Wettkampf zwischen zwei gewandten und listenreichen Gegnern im Gange: dem greisen Monarchen und den jungen Offizieren vom Derg. Für die Offiziere ist es ein Versteckenspielen, sie versuchen, den alten Kaiser in seinem Palast, in seinem eigenen Schlupfwinkel, einzukreisen. Und für den Kaiser? Sein Plan ist ungemein subtil, aber warten wir ab, gleich werden wir seine Gedanken kennenlernen.

Und die anderen Personen? Die anderen Teilnehmer an diesem spannenden und dramatischen Spiel, die durch den Verlauf der Ereignisse hineingezogen werden, verstehen kaum, was mit ihnen passiert. Die Würdenträger und Höflinge stampfen durch die Gänge des Palastes, kopflos und verängstigt. Wir müssen bedenken, der Palast war ein Hort der Mittelmäßigkeit, eine Ansammlung von zweit- und drittrangigen Menschen, und diese verlieren in Augenblicken der Krise fast immer den Kopf und versuchen nur, die eigene Haut zu retten. Mittelmäßigkeit ist in solchen Momenten gefährlich, wenn sie sich nämlich bedroht fühlt, sucht sie in der Brutalität Zuflucht. So sind die Kerkerleute, die nur mit der Peitsche knallen und Blut vergießen können. Furcht und Haß machen sie blind, und ihr Handeln wird von den niedrigsten Instinkten bestimmt: von Niederträchtigkeit, einem verbissenen Egoismus, der Angst, ihre Privilegien zu verlieren und unterzugehen. Ein Dialog mit diesen Menschen ist unmöglich, sinnlos. Die zweite Gruppe sind die Redner — Menschen guten Willens, aber von Natur aus defensiv, schwankend, nachgiebig und unfähig, das Schema des Palastdenkens zu durchbrechen. Sie werden von allen Seiten am ärgsten getreten, werden aus dem Weg gestoßen und vernichtet. Sie versuchen sich in einer Situation zu bewegen, die in zwei Hälften zerrissen ist, in einer Situation, in der die beiden unversöhnlichen Widersacher — Kerkerleute und Rebellen — die Dienste der Redner verschmähen; sie behandeln sie wie eine schlaffe, überflüssige Rasse, wie ein lästiges Hindernis, denn die Extremisten steuern auf den Konflikt zu und suchen keine Verständigung. Daher verstehen auch die Redner nichts und sind ohne Bedeutung; auch sie hat die Geschichte überholt und an den Rand gestoßen. Über die Schwimmer kann man nichts sagen. Sie treiben, wohin sie die Strömung trägt; ein Schwarm kleiner Fische, von den Wellen hierhin und dorthin gezerrt, strampeln und kämpfen sie, zufrieden schon mit dem erbärmlichsten Überleben.

Das ist die Fauna des Palastes, gegen die eine Gruppe junger Offiziere antritt — kluge und klardenkende Männer, voll Ambitionen, heiße Patrioten, die sich der furchtbaren Lage ihrer Heimat bewußt sind, die Dummheit und Ratlosigkeit der Elite kennen, die Korruption und Ausschweifung, die Armut und die ernie-

drigende Abhängigkeit ihres Landes von stärkeren Staaten. Auch sie gehören, als ein Teil der kaiserlichen Armee, den unteren Schichten der Elite an, auch sie hatten an den Privilegien teil, und es ist nicht die Armut — die sie selbst nie unmittelbar zu spüren bekamen —, die sie zur Rebellion anstachelt, sondern das Gefühl der moralischen Scham und Verantwortung. Sie besitzen Waffen und sind entschlossen, den besten Gebrauch von diesen zu machen. Die Verschwörung nimmt in der Vierten Division, deren Kasernen in einem Vorort von Addis Abeba stehen, übrigens nicht so weit vom Palast des Kaisers entfernt, ihren Anfang. Die Gruppe der Verschwörer handelte lange Zeit in tiefster Konspiration — selbst das geringste gerüchteweise Durchsickern hätte Repression und Hinrichtung bedeutet. Langsam breitet sich die Verschwörung auf andere Garnisonen und später auch auf die Reihen der Polizei aus.

Ein Ereignis, das die Konfrontation der Armee mit dem Palast beschleunigte, war die Hungerkatastrophe in den nördlichen Provinzen des Landes. Für gewöhnlich sagt man, die periodisch auftretende Trockenheit, die Mißernten mit sich bringt, sei für den massenweisen Hungertod verantwortlich. Das ist die Erklärung der Eliten in den hungernden Ländern. Sie ist falsch. Die Ursache des Hungers ist meistens eine ungerechte oder falsche Verteilung der Mittel, des Nationalproduktes. In Äthiopien gab es zu jener Zeit genug Getreide, aber dieses wurde von den Reichen aufgekauft, versteckt und später zu doppelten Preisen auf den Markt gebracht, so daß die Bauern und die Armen in den Städten es nicht bezahlen konnten. Wir wissen von Hunderttausenden Menschen, die in unmittelbarer Nähe von bis an den Rand gefüllten Lebensmittelmagazinen verhungert sind. Auf Befehl der lokalen Notabeln gaben Polizisten ganzen Scharen von halbverhungerten menschlichen Skeletten den Gnadenstoß. Diese Situation eines himmelschreienden Unrechts, Horrors, verzweifelter Absurdität wurde zum Signal des Handelns für die konspirierenden Offiziere. Die Rebellion erfaßte der Reihe nach alle Divisionen, und dabei stellte die Armee die wichtigste Stütze der kaiserlichen Macht dar. Nach einer kurzen Zeitspanne der Betäubung, Überraschung und des Zögerns begann Haile Selassie zu begreifen, daß ihm das wichtigste Instrument seiner Herrschaft aus der Hand glitt.

Anfangs agierte die Gruppe des Derg im dunkeln, verborgen in tiefster Kosnpiration, keiner kannte ihre Namen, und nicht einmal sie selbst wußten, welche Teile der Armee hinter ihnen standen. Sie mußten vorsichtig vorgehen, Schritt für Schritt, immer in Deckung bleiben. Sie hatten die Arbeiter und Studenten hinter sich — das war wichtig, aber die Mehrheit der Generäle und höheren Offiziere war gegen die Verschwörer, und die Generäle hatten immer noch die Führung der Streitkräfte in den Händen, sie waren es, die die Befehle erteilten. Schritt für Schritt — das war die Taktik dieser Revolution, diktiert von den Umständen. Wären die Rebellen sofort offen aufgetreten, hätten die desorientierten Teile der Armee, die im unklaren waren, worum es ging, ihnen vielleicht ihre Unterstützung versagen und sie sogar vernichten können. Es hätte sich die Tragödie von neunzehnhundertsechzig wiederholt, als Soldaten auf Soldaten geschossen hatten; das hatte damals dem Palast noch einmal für dreizehn Jahre das Leben gerettet. Im übrigen herrschte auch innerhalb des Derg keine Einheit — gewiß, alle wollten den Palast liquidieren, das anachronistische, erschöpfte, blind dahinvegetierende System verändern, aber es herrschte Uneinigkeit, was mit der Person des Kaisers geschehen sollte. Der Kaiser hatte um seine Person einen Mythos errichtet, dessen Kraft und Lebensfähigkeit niemand überprüfen konnte. Er war beliebt in der Welt, hatte persönlichen Charme und war allgemein geachtet. Obendrein war er das Oberhaupt der Kirche, der Auserwählte Gottes, Herr über alle Seelen. Durfte man gegen ihn die Hand erheben? In der Vergangenheit hatte das immer mit dem Bannfluch und Galgen geendet.

Die Leute vom Derg waren tatsächlich außergewöhnlich mutig, und sie waren auch in einem gewissen Sinne Desperados — später erinnerten sie sich daran, daß sie, als sie den Entschluß faßten, sich gegen den Kaiser zu erheben, nicht an das Gelingen ihres Unternehmens geglaubt hatten. Vielleicht wußte Haile Selassie etwas von diesen Zweifeln und Konflikten, die den Derg verzehrten, er besaß schließlich ein ungeheuer dichtes Netz von Spitzeln und Informanten. Vielleicht ließ er sich aber auch nur von seinem Instinkt leiten, von seinem überragenden taktischen Geschick, seiner Erfahrung? Und wenn es etwas anderes war? Wenn er einfach nicht mehr die Kraft in sich spürte, weiterzukämpfen? Er hatte scheinbar als einziger im Palast begriffen, daß man dieser Welle, die sich jetzt auftürmte, keinen Widerstand mehr entgegensetzen konnte. Alles zerbröckelte; er hatte leere Hände. Er lenkte also ein, mehr noch — er hörte auf zu regieren. Er tat so, als gäbe es ihn noch, aber die ihm Nächststehenden wußten, daß er in Wirklichkeit untätig war, nicht agierte.

Seine Umgebung wird durch diese Untätigkeit aus der Fassung gebracht, sie verliert sich in Spekulationen. Die verschiedenen Cliquen tragen ihm ihre gegensätzlichen Standpunkte vor, und er hört alle mit der gleichen höflichen Aufmerksamkeit an, stimmt ihnen zu, lobt alle, tröstet und ermuntert sie. Hochmütig, entrückt, verschlossen und unnahbar, läßt er den Ereignissen ihren Lauf, als wäre er schon nicht mehr von dieser Welt, aus einer anderen Zeit. Vielleicht versucht er, über dem Konflikt zu stehen und so den neuen Kräften den Weg zu ebnen, die er ohnehin nicht aufhalten kann? Vielleicht rechnet er damit, daß sie ihn als Entgelt für diesen Dienst später respektieren, akzeptieren würden? Er, ein von allen verlassener alter Mann, der mit einem Fuß schon im Grabe steht, kann doch für sie keine Gefahr bedeuten! Möchte er also bleiben? Sich retten? Die Militärs machen zunächst mit einer kleinen Provokation den Anfang: Sie setzen unter dem Vorwurf der Korruption ein paar demissionierte Minister der Regierung Aklilu in Haft. Gespannt warten sie auf die Reaktion des Kaisers. Aber H. S. schweigt. Das heißt, der Schachzug ist gelungen, der erste Schritt getan. Ermutigt fahren sie fort — von diesem Moment an setzen sie ihre Taktik der stufenweisen Demontage der Elite in Bewegung, langsam, aber sorgfältig leeren sie den Palast. Die Würdenträger und Notabeln ver-

schwinden einer nach dem anderen — passiv und willenlos warten sie, bis die Reihe an ihnen ist. Später werden sie einander im Arrest der Vierten Division wieder begegnen, in jenem neuen, seltsamen und unfreundlichen Anti-Palast. Vor dem Tor zur Kaserne, gleich neben den Geleisen der hier vorüberlaufenden Eisenbahnlinie Addis Abeba — Djibouti, steht eine glänzende Schlange eleganter Limousinen — das sind die Prinzessinnen, Ministers- und Generalsgattinnen, die, schockiert und verängstigt, ihren hier in Haft gehaltenen Männern und Brüdern — Gefangenen der neuen Ordnung — Essen und Kleidung bringen. Eine dichte Menge verstörter und erregter Gaffer betrachtet die Szene, denn die Straße weiß noch nicht, was wirklich geschieht, bis zu ihr ist es noch nicht durchgedrungen. Der Kaiser residiert immer noch im Palast, und die Offiziere beraten in den Divisionsstäben, wo sie die nächsten Züge planen. Das große Spiel geht weiter, aber der letzte Akt ist nicht mehr fern.

August — September

M. W. Y.: In diese Atmosphäre der Niedergeschlagenheit und Depression, die sich dumpf über den Palast und die Höflinge gelegt hat, platzen die schwedischen Ärzte, die unser weiser Herr vor langer Zeit aus Europa berufen hatte, die aber aus unverständlicher Nachlässigkeit erst jetzt gekommen sind, um an unserem Hofe Gymnastikstunden abzuhalten. Du mußt dir vor Augen führen, mein Freund, daß zu jenem Zeitpunkt schon alles in Trümmern lag, und wer vom kaiserlichen Gefolge noch nicht hinter Gittern saß, der wartete bange auf seine Stunde und schlich verstohlen und heimlichen Schrittes durch die Palastgänge, um nur ja nicht den Offizieren unter die Augen zu kommen, denn die Rebellen packten jeden und sperrten ihn ein — keiner sollte ihnen entwischen. Da wurden wir wie die Hasen gejagt und zusammengetrieben — und nun sollten wir plötzlich Gymnastik machen! Wer hat jetzt einen Kopf für Gymnastik, riefen die Redner, wo dies nun wahrhaftig die letzte Gelegenheit ist, sich an den Verhandlungstisch zu setzen, das Kaiserreich in Ordnung zu bringen, entsprechend zu würzen und genießbar zu machen! Aber es war nun einmal der Wille unseres Herrn — und auch des gesamten Kronrates —, daß alle Menschen am Hof ihre Gesundheit mit Bedacht pflegen, alle Annehmlichkeiten der Natur genießen, sich so oft wie möglich in Behaglichkeit und Überfluß erholen und gute — wenn möglich, ausländische — Luft atmen sollten. Unser gütiger Herr verbot auch, an diesen Bedürfnissen zu sparen, und betonte immer wieder, das Leben der Menschen des Palastes sei der größte Schatz seines Reiches und der höchste Wert der Monarchie. Ein Dekret mit diesem Inhalt hatte unser Herr schon vor langer Zeit erlassen und darin auch die Gymnastik angeordnet. Da aber auf Grund des herrschenden Chaos und der ständigen Aufregungen dieses Dekret nie außer Kraft gesetzt worden war, mußten wir — das letzte Aufgebot des Palastes — uns nun frühmorgens zur Gymnastikstunde einfinden, um den größten Schatz unseres Reiches durch flinkes Werfen von Armen und Beinen beweglich zu halten und zu stählen. Der Informationsminister sah, daß die Gymnastik, den frechen Eindringlingen, die langsam den Palast übernahmen, zum Trotz, Fortschritte machte, und er nannte sie einen Erfolg und herzerwärmenden Beweis für die unantastbare Einheit des Hofes.

In dem erwähnten Dekret wurde auch angeordnet, daß jedermann, der Geist und Körper in der Ausübung seiner Regierungspflichten auch nur im mindesten überanstrengte, unverzüglich eine Pause einlegen müsse, um sich an einen behaglichen und stillen Ort zu begeben, wo er ausspannen, frische Luft schöpfen, einfache Kleidung anlegen und der Natur nahe kommen könnte. Wer aus Vergeßlichkeit oder auch Übereifrigkeit diese Regenerierung vernachlässigte, den traf der Tadel des erhabenen Herrn, und auch die übrigen Höflinge mahnten ihn, den Schatz unseres Reiches nicht mutwillig zu vergeuden und den höchsten Wert der Nation gut zu hüten. Doch wie sollte man jetzt der Natur nahe kommen und die Erholung genießen? Die Offiziere ließen keinen aus dem Palast heraus, und wenn es einem doch gelang, sich heimlich nach Hause zu stehlen, lauerten ihm dort schon die Rebellen auf und schleppten ihn fort in den Arrest. Das schlimmste an dieser Gymnastik war aber folgendes: Kaum hatte sich eine Gruppe von Höflingen in einem Salon versammelt, um flink die Arme und Beine zu werfen, drangen auch schon die Verschwörer dort ein und führten alle ins Gefängnis! »Ihre Tage sind gezählt, aber sie müssen Gymnastik machen!« höhnten die Offiziere, die sich nun jede Unverschämtheit erlaubten. Das war aber der beste Beweis dafür, daß die Herren Offiziere keine Werte achteten und gegen das Wohl des Reiches handelten. Ihr Benehmen jagte sogar den schwedischen Ärzten Angst ein, die ihre Verträge nicht mehr erneuert bekamen, aber trotzdem noch von Glück reden konnten, weil sie immerhin mit dem Leben davonkamen. Um zu verhindern, daß die Rebellen alle auf einen Streich in die Hand bekämen, verfiel der Große Hofkanzler auf eine geniale List und befahl, die Gymnastik nur mehr in kleinen Gruppen zu treiben — wenn die einen in die Falle gingen, blieben doch andere übrig, die das Ärgste überstehen und den Palast an der Macht halten konnten. Aber selbst dieses umsichtige und schlaue Manöver half am Ende nicht viel, denn die Rebellion legte jede Zurückhaltung ab, berannte den Palast mit schweren Rammböcken und schikanierte uns ohne Erbarmen.

So wurde es August, und es begannen die letzten Wochen der Herrschaft unseres allgewaltigen Monarchen. Aber ist es überhaupt richtig, wenn ich in Zusammenhang mit den letzten Tagen des Niederganges von »Herrschaft« spreche? Es ist so ungeheuer schwierig, festzustellen, wo die Grenze verläuft zwischen der wirklichen Herrschaft, einer Herrschaft, der sich alles unterwirft, die eine Welt erschafft oder auch vernichtet; wo also die Grenze verläuft zwischen der lebendigen, großen, vielleicht sogar schrecklichen Herrschaft und der scheinbaren, der leeren Pantomime des Herrschens, die eine Marionette ihrer selbst ist, nur eine Rolle spielt, die Welt nicht sieht und nicht hört, nur in sich selbst schaut. Noch schwieriger ist es, zu sagen, wann Allmacht zur Ohnmacht wird, Erfolg zu Mißerfolg, Glanz zu Glanzlosigkeit. Genau das war es, was niemand im Palast spürte, denn aller Blicke waren so ausgerichtet, daß sie bis zum bitteren Ende die Machtlosigkeit für Macht hielten, den Mißerfolg für Erfolg und die Glanzlosigkeit für strahlenden Glanz. Aber selbst wenn jemand es anders gesehen hätte, wie hätte er zu unserem Monarchen laufen und ihm sagen können: »Mein Herr, du bist bereits machtlos, von Mißerfolgen umgeben, dein Glanz ist verblichen!« Das war ja das Problem unseres Palastes, daß er uns die Wahrheit vorenthielt, und ehe wir uns dann versahen, waren wir auch schon hinter Gittern. In jedem Menschen, mein Freund, war nämlich alles sehr bequem getrennt: das Sehen vom Denken und das Denken vom Sprechen, und keiner war in der Lage, diese drei Fähigkeiten zusammenzuführen und ihnen hörbar Ausdruck zu verleihen. Aber in meinen Augen, mein Freund, begann unser ganzes Unglück schon früher, damals, als unser leutseliger Herr den Studenten erlaubte, sich zu jener Modenschau zu versammeln — damit gab er ihnen die Gelegenheit, sich zusammenzurotten und zu demonstrieren, und so nahm die aufrührerische Bewegung ja ihren Anfang. Das war der fatale Irrtum: Man hätte überhaupt keine Bewegung zulassen dürfen, denn wir konnten nur in der Bewegungslosigkeit existieren; je unbeweglicher die Bewegungslosigkeit ist, um so dauerhafter und sicherer ist unsere Herrschaft. Das Vorgehen unseres Herrn war insofern erstaunlich, als er diese Wahrheit selbst sehr gut kannte, wie sich aus der Tatsache schließen läßt, daß Marmor sein Lieblingsstein war. Der Marmor mit seiner stillen, unbewegten, mühevoll polierten Oberfläche drückte den Traum unseres erhabenen Herrn aus, alles um ihn herum möge ebenso unbewegt, still, glatt, gleichmäßig geschnitten, für Jahrhunderte errichtet und majestätisch sein.

A. G.:
Sie müssen wissen, Mister Richard, damals, Anfang August, hatte der Palast in seinem Inneren bereits alle Würde und die Respekt heischende Feierlichkeit

verloren. Es herrschte ein solches Durcheinander, daß die übriggebliebenen Beamten des Hofzeremoniells, die sich noch auf freiem Fuß befanden, keine Ordnung in das alles bringen konnten. Die Unordnung kam daher, daß der Palast das letzte Refugium für die Würdenträger und Notabeln darstellte, die aus der ganzen Hauptstadt, ja aus dem ganzen Kaiserreich hinter seine Mauern flüchteten, in der Hoffnung, der Kaiser würde sie beschützen und bei den arroganten Offizieren ihre Schonung erwirken. Ohne auf Rang und Titel zu achten, schliefen Würdenträger und Günstlinge aller Stufen und Klassen einer neben dem anderen auf Teppichen, Kanapees und Lehnstühlen, zugedeckt mit Vorhängen und Stores, was ständig zu Reibereien und Hader führte, denn die einen Herrschaften riefen, man müsse die Vorhänge an den Fenstern belassen und den Palast verdunkeln, damit die rebellierende Luftwaffe kein Ziel für ihre Bomben fände, worauf die anderen zornig erwiderten, ohne Decken könnten sie nicht einschlafen — tatsächlich waren damals die Nächte außergewöhnlich kalt —, und sie rissen die Portieren von den Fenstern, um sich darin einzuhüllen. Dieses Stänkern und Zanken war freilich schon ohne Bedeutung, die Offiziere versöhnten nämlich bald die Streithähne, indem sie alle in den Arrest abführten, wo die händelsüchtigen Würdenträger überhaupt keine Decken mehr vorfanden.

In jenen Tagen kamen jeden Morgen Patrouillen der Vierten Division zum Palast; die rebellierenden Offiziere stiegen aus ihren Wagen und befahlen den

Würdenträgern, sich im Thronsaal zu versammeln. »Würdenträger antreten! Würdenträger im Thronsaal antreten!« schallte der Ruf der Beamten des Hofzeremoniells, die sich bereits bei den Offizieren lieb Kind machten, durch die Gänge. Auf diesen Ruf hin versteckte sich ein Teil der Würdenträger in den Winkeln, der Rest aber nahm vor den Offizieren Aufstellung, in Vorhänge und Stores gewickelt. Dann verlasen die Herren Offiziere ihre Listen, und die Aufgerufenen wurden in Gewahrsam genommen.

Wie viele aber auch zu Beginn weggeführt wurden, so viele kamen immer wieder nach — obwohl die Militärs Tag für Tag im Palast Verhaftungen vornahmen, kamen doch immer neue Würdenträger, die glaubten, der Palast sei eine sichere Zuflucht und der erhabene Herr würde sie vor der Vermessenheit der Offiziere schützen. Unser Herr, Mister Richard, trug damals ständig Uniform, einmal die Galauniform, dann die Felduniform, den Kampfanzug, in dem er für gewöhnlich die Manöver beobachtete, und so erschien er in den Salons, wo die Würdenträger apathisch auf Teppichen und Kanapees lümmelten und einer den anderen fragte, was mit ihm geschehen würde, wann das Warten zu Ende sei; und der Monarch ermutigte sie, richtete sie auf, wünschte ihnen Erfolg, schenkte ihnen die größte Aufmerksamkeit und ließ ihnen seine persönliche Fürsorge angedeihen. Wenn er aber im Gang einer Patrouille der Offiziere begegnete, ermutigte er auch diese, wünschte ihnen Erfolg, dankte der Armee für ihre Loyalität und versicherte ihnen, er schenke den Problemen der Streitkräfte die größte Aufmerksamkeit. Daraufhin flüsterten die Kerkerleute unserem Herrn wütend und giftig ins Ohr, man müsse die Offiziere aufknüpfen, denn sie schlügen das Kaiserreich in Trümmer, und der Monarch hörte auch sie aufmerksam an, ermutigte sie, wünschte ihnen viel Erfolg, dankte ihnen für ihre Loyalität und versicherte ihnen, wie sehr er sie schätze. Und Herr Gebre-Egzy nannte die erstaunliche Beweglichkeit des erhabenen Herrn, der nie mit Ratschlägen und Anweisungen geizte und so das allgemeine Wohlbefinden hob, einen Erfolg und teuren Beweis für die Tatkraft unseres Kaisers. Leider aber erzürnte der Minister die Offiziere mit seinem Erfolgfeiern dermaßen, daß sie ihn kurzerhand ins Gefängnis steckten und damit ein für allemal mundtot machten.

Ich muß gestehen, Mister Richard, als Beamter des Ministeriums für die Versorgung des Palastes erlebte ich im letzten Monat meine schwärzesten Tage. Es war nämlich durchaus unmöglich, die exakte Anzahl der Personen an unserem Hof festzustellen, die Anzahl der Würdenträger änderte sich von einem Tag auf den anderen — die einen schlüpften des Nachts in den Palast, weil sie hofften, hier Rettung zu finden, die anderen wurden von den Offizieren verhaftet, und oft war es so, daß einer sich nachts heimlich einschlich und zu Mittag schon hinter Gittern saß. Ich wußte daher nie, wieviel Lebensmittel ich im Magazin bestellen sollte; manchmal reichte das Essen nicht für alle, dann erhoben die Würdenträger ein Geschrei, das Ministerium sei bereits mit den Rebellen im Bunde und wolle sie mittels Hunger kleinkriegen; wenn aber Portionen übrigblieben, rügten mich die Offiziere, am Hof herrsche Verschwendung. Am Ende dachte ich schon daran, meine Demission einzureichen, aber diese Geste war überflüssig, denn sie jagten uns ohnehin alle aus dem Palast.

Y. Y.:
Wir waren damals nur mehr eine Handvoll Leute, die auf ihr letztes und schrecklichstes Urteil warteten, als — Gott sei gepriesen! — ein Hoffnungsstrahl in Gestalt der Herren Advokaten auftauchte, die endlich, nach langwierigen Beratungen, eine Verfassungsänderung ausgearbeitet hatten und mit diesem Entwurf nun zu unserem Herrn kamen. Der Entwurf sah vor, das autokratische Kaiserreich in eine konstitutionelle Monarchie umzuwandeln, der Regierung mehr Macht in die Hände zu geben und dem ehrwürdigen Herrn nur so viel zu belassen, wie etwa die britischen Könige besitzen. Die würdigen Herren gingen auch gleich daran, den Entwurf zu studieren, in kleine Gruppen verteilt und verborgen in den geheimsten Winkeln, denn wenn die Offiziere eine größere Ansammlung entdeckten, warfen sie gleich alle ins Gefängnis. Doch kaum hatten die Würdenträger den Entwurf gelesen, mein lieber Freund, erhoben leider die Kerkerleute entschieden Protest und riefen, die absolute Monarchie müsse um jeden Preis erhalten bleiben, die Machtfülle, mit der die Notabeln in den Provinzen ausgestattet seien, dürfe nicht angetastet werden, und überhaupt solle man diesen frivolen Gedanken von

einer konstitutionellen Monarchie, der sich am abgewrackten britischen Imperium orientiere, den Schweinen vorwerfen. Nun fuhren aber die Redner den Kerkerleuten an die Gurgel und kreischten, dies sei nun wirklich der allerletzte Moment, das Kaiserreich auf konstitutionellem Weg in Ordnung zu bringen, es zu würzen und genießbar zu machen. Und immer noch zankend, gingen sie zum huldreichen Herrn, der eben eine Abordnung jener Advokaten empfing, sich mit größter Aufmerksamkeit in die Details des Entwurfes vertiefte und das Projekt rühmte. Er hörte sich das Murren der Kerkerleute und die Schmeicheleien der Redner an, dann lobte er sie alle, ermutigte sie und wünschte ihnen den besten Erfolg. Aber irgend jemand hatte offenbar die Offiziere von diesen Vorgängen informiert, denn kaum hatten die Advokaten das Arbeitszimmer des gnädigen Herrn verlassen, liefen sie schon den Militärs in die Arme, die ihnen den Entwurf wegnahmen, sie nach Hause schickten und ihnen verboten, sich noch einmal im Palast blicken zu lassen. Das Leben im Inneren des Palastes erschien immer seltsamer, so als existierte es nur aus sich selbst heraus und nur für sich selbst. Wenn ich als Bediensteter des Palastpostamtes in die Stadt fuhr, sah ich dort das normale Leben — Autos fuhren auf der Straße, Kinder spielten Ball, auf dem Markt drängten sich Käufer und Verkäufer, Alte saßen auf den Bänken und plauderten —, und ich ging jeden Tag von einer Welt in die andere hinüber, von einer Existenz in die andere, bis ich schließlich nicht mehr wußte, welche von beiden die reale Welt war. Ich wußte nur, es genügte, in die Stadt zu fahren und mich unter die Menschen auf der Straße mit ihren Sorgen zu mischen, um sofort den Palast aus den Augen zu verlieren — er verschwand, als hätte es ihn nie gegeben, und oft befürchtete ich, ihn nicht mehr zu finden, wenn ich aus der Stadt zurückkehrte.

E.:
Die letzten Tage verbrachte er allein im Palast, die Offiziere hatten ihm nur seinen alten Kammerdiener gelassen. Offensichtlich gewann innerhalb des Derg jene Gruppe die Oberhand, die den Palast schließen und den Kaiser vom Thron stoßen wollte. Die Namen dieser Offiziere waren damals niemandem bekannt, und sie wurden nicht verlautbart — sie handelten bis zum Schluß konspirativ. Erst jetzt erfährt man, daß diese Gruppe ein junger Major namens Mengistu Haile-Mariam angeführt hat. Es gab auch noch andere Offiziere, aber die sind heute nicht mehr am Leben. Ich erinnere mich noch, wie dieser Mensch als Kapitän in den Palast kam. Seine Mutter war eine Dienstmagd am Hof. Ich weiß nicht, wer es ihm ermöglicht hatte, die Offiziersschule zu absolvieren. Schlank und feingliedrig, war er innerlich voll Spannungen, aber beherrscht, zumindest machte er diesen Eindruck. Er kannte ganz genau die Struktur des Kaiserhofes und wußte, wer wer ist und wen man wann verhaften mußte, um den Palast zu lähmen, seine Macht und Kraft zu brechen und ihn zu einer nutzlosen Attrappe zu degradieren, die — wie du heute sehen kannst — verlassen dasteht und verfällt.

Irgendwann in den ersten Tagen des August mußte im Derg die Entscheidung gefallen sein. Das Militärkomitee — eben jener Derg — setzte sich aus hundertzwanzig Delegierten zusammen, die bei den Divisions- und Garnisonsversammlungen gewählt worden waren. Sie hatten eine Liste von fünfhundert Würdenträgern und Höflingen zusammengestellt, die sie einen nach dem anderen in Haft setzten — dadurch entstand um den Kaiser herum ein immer größerer Leerraum, bis er schließlich allein im Palast war. Die letzte Gruppe, die Menschen aus der unmittelbaren Umgebung des Monarchen, wurde Mitte August weggeführt. Damals nahmen sie den Chef der Kaiserlichen Leibwache, Oberst Tassew Wajo, in Gewahrsam, den Adjutanten unseres Monarchen, General Assefa Demissie, den Kommandanten der Kaiserlichen Garde, General Tadesse Lemma, den Privatsekretär von H. S., Solomon Gebre-Mariam, Premierminister Endelkachew, den Minister der höchsten Privilegien, Admassu Retta, und vielleicht noch zwanzig andere. Gleichzeitig lösten sie den Kronrat und andere Institutionen auf, die direkt dem Kaiser unterstanden.

Dann durchsuchten sie sorgfältig alle im Palast befindlichen Ämter. Die kompromittierendsten Dokumente fanden sie im Amt für die höchsten Privilegien, und noch dazu ohne Schwierigkeiten, denn Minister Admassu Retta begann selbst eifrig auszupacken. Früher einmal hatte der Monarch persönlich alle Privilegien verteilt, aber je näher das Kaiserreich an den Rand des Abgrunds rutschte, um so raffgieriger und habsüchtiger wurden die Notabeln, so daß H. S.

nicht mehr imstande war, alles selbst zu beaufsichtigen, und einen Teil der Privilegienverteilung in die Hände von Admassu Retta legen mußte. Dieser aber besaß nicht das geniale Gedächtnis des Kaisers, der sich keine Notizen zu machen brauchte; Admassu Retta führte genau Buch über die Ländereien, Häuser, Fabriken, Devisen und anderen Gratifikationen, die den Würdenträgern zugeschanzt wurden. Dies alles fiel nun den Militärs in die Hände, die sofort eine großangelegte Propagandakampagne über die bodenlose Korruption des Palastes einleiteten und auch kompromittierende Dokumente publizierten. Sie stachelten damit die Wut der Bevölkerung an; durch die Straßen zogen lärmende Demonstrationen, die nach dem Galgen riefen, es entstand eine Atmosphäre des Schreckens und der Apokalypse. Und es war sogar gut, daß uns die Militärs schließlich alle aus dem Palast jagten — vielleicht hat mir das das Leben gerettet.

T. W.:
Ich muß zugeben, mein Herr, ich wußte schon lange, daß alles auf ein böses Ende zusteuert. Ich brauchte nur die Würdenträger zu beobachten, die sich jedesmal, wenn Gewitterwolken am Horizont aufzogen, wie ängstliche Schafe zusammendrängten, das Kaiserreich Kaiserreich sein ließen, einander auf die Schulter klopften und einer dem anderen zustimmten. Sie fragten uns, die Palastdiener, nicht einmal mehr nach Neuigkeiten aus der Stadt — offenbar hatten sie Angst, nur Schlimmes zu hören. Warum sollen wir

fragen, meinten sie, wir können ja doch nichts ändern! Alles zerfällt. So oder so. Am zuversichtlichsten waren noch die Schwimmer, die den anderen Mut zusprachen: Es ist schon in Ordnung, trösteten sie, wir befinden uns in einem Zustand der totalen Apathie, und das ist gut so, denn auf die Art können wir im Palast noch lange aushalten. Die Apathie ist von Natur aus widerstandsfähig und bringt mit ihrem Gewicht jede Bewegung zum Stillstand, sie hält das gewöhnliche Volk in seinem Dämmerzustand. Wenn wir lernen, rechtzeitig ein bißchen nachzugeben, wird es seine Apathie nie abschütteln; wir dürfen nur die bösen Geister nicht wecken; dem Bösen darf man keinen Widerstand entgegensetzen, sondern muß es bei Laune halten. Und es wäre sicher alles so gekommen, wie die Schwimmer sagten, wenn nur die Herren Offiziere nicht gewesen wären. Die ließen sich nicht einlullen und hieben erbarmungslos auf den Palast ein, daß die Späne flogen und die Würdenträger durcheinanderpurzelten, bis sie den Hof gesäubert hatten. Am Ende blieb keiner übrig außer unserem mächtigen Herrn und seinem letzten Diener.

Diesen Menschen zu finden machte die größte Mühe. Gleich alt wie sein Herr, lebt er nun begraben in Vergessenheit. Die meisten Menschen, die ich nach ihm fragte, zuckten nur die Achseln und sagten, er sei wohl schon längst gestorben. Er diente dem Kaiser bis zuletzt, das heißt bis zu dem Moment, da die Militärs den Monarchen aus dem Palast wegführten und ihm, dem Diener, befahlen, seine Sachen zu packen und nach Hause zu gehen.

In der zweiten Hälfte August verhaften die Offiziere die letzten Menschen aus dem Gefolge von H. S. Den Kaiser selbst rühren sie noch immer nicht an, denn sie brauchen Zeit, um die öffentliche Meinung darauf vorzubereiten: Die Hauptstadt sollte verstehen, weshalb sie den Monarchen absetzten. Die Offiziere kennen das von Magie beherrschte Denken des Volkes, und sie wissen, welche Gefahren es birgt. Die Magie dieses Denkens besteht darin, daß die höchste Person — oft nicht einmal bewußt — mit göttlichen Eigenschaften versehen wird. Der Höchste ist der Beste, er ist weise und edel, ohne Makel und gütig. Nur die Würdenträger sind schlecht, sie sind die Ursache allen Übels. Ja, wenn der Höchste nur wüßte, wie sie das Volk drangsalieren, sofort *würde er das Unrecht gutmachen, gleich würde das Leben besser werden! Leider verstehen es die schlauen Missetäter, ihrem Herrn Sand in die Augen zu streuen, daher herrscht rundum Verzweiflung, ist das Leben so schwer zu ertragen, so niedrig und unglücklich. Das ist magisches Denken, denn in Wirklichkeit ist in einem autokratischen System der oberste Herrscher für alles verantwortlich, was passiert. Er weiß über alles Bescheid, und wenn er einmal etwas nicht weiß, dann nur, weil es ihm unbequem ist. Es war kein Zufall, daß sich das Gefolge des Kaisers in der Mehrheit aus niederträchtigen und servilen Menschen zusammensetzte. Ihre Niederträchtigkeit und Servilität waren Bedingungen für ihre Nobilitierung, nach diesen Kriterien wählte der Monarch seine Günstlinge aus, dafür belohnte und überhäufte er sie mit Privilegien. Ohne sein Wissen und seine Zustimmung wurden im Palast kein Schritt getan und kein Wort gesprochen. Alle sprachen mit seiner Stimme, selbst wenn sie einander widersprechende Dinge sagten, denn auch er selbst sagte Widersprüchliches. Es konnte gar nicht anders sein: Wer im Gefolge des Kaisers bleiben wollte, mußte dem Kult des Kaisers huldigen, wer in diesem Kult nachließ und unachtsam wurde, verlor seinen Platz, glitt ab und verschwand. H. S. lebte unter dem Schatten seiner selbst, sein Gefolge war eine Vervielfachung des kaiserlichen Schattens. Was waren denn die Herrschaften Aklilu, Gebre-Egzy, Admassu Retta schon, außer die Minister von H. S.? Niemand, nur die Minister von H. S.! Aber genau solche Leute wollte der Kaiser um sich haben, nur sie konnten seine Eitelkeit befriedigen, seine Selbstsucht, seine Vorliebe für die Bühne und den Spiegel, für Gesten und das Piedestal.*

Aber nun begegnen die Offiziere dem Kaiser allein, sie stehen ihm Aug in Aug gegenüber, der letzte Zweikampf beginnt. Es ist der Moment gekommen, da alle die Maske ablegen und ihre Gesichter zeigen müssen. Unruhe und Spannung begleiten die Demaskierung, denn zwischen den beiden Seiten entsteht eine neue Konstellation, sie betreten unbekannten Boden. Der Kaiser kann nichts gewinnen, aber er kann sich noch verteidigen, mit seiner Wehrlosigkeit, seiner Untätigkeit, allein damit, daß er existiert, im Palast residiert, schon lange an der Macht ist; aber er kann auch daran erinnern, daß er der Rebellion einen großen Dienst erwiesen hat — hat er nicht geschwiegen, als die Rebellen verkündeten, sie machten die Revolution in seinem Namen, hat er damals vielleicht protestiert und gerufen, dies sei eine Lüge? Dabei war es gerade diese Farce der Loyalität, die den Militärs ihre Aufgabe erleichtert hat. Die Offiziere aber wollen weitergehen, bis ans Ende, sie wollen der Gottheit die Maske herunterreißen. In einer Gesellschaft, die so von Entbehrung, Armut und Elend niedergedrückt wird wie die äthiopische, spricht nichts die Phantasie mehr an, erweckt nichts größeren Zorn und Haß als das Bild der Korruption und Privilegien für eine Elite. Selbst die unfähigste und lahmste Regierung könnte, wenn sie ein spartanisches Leben führte, jahrelang existieren und sich der Hochschätzung der Menschen erfreuen. Im Grunde genommen ist nämlich das Verhältnis des Volkes zum Palast freundlich und nachsichtig. Aber jede Toleranz hat Grenzen, und in seiner Selbstherrlichkeit und aufgeblasenen Arroganz überschreitet der Palast diese leicht und oft. Und dann schlägt die Stimmung der Straße rasch um, aus Gehorsam wird Widerstand, aus Geduld Rebellion.

Nun kommt der Moment, in dem die Offiziere beschließen, den König der Könige zu entkleiden, seine Taschen nach außen zu kehren, das einfache Volk einen Blick in die geheimsten Winkel der kaiserlichen Schränke werfen zu lassen. Zur selben Zeit wandert der greise H. S. durch den ausgestorbenen Palast, begleitet nur von seinem Kammerdiener L. M.

L. M.: Das war damals, gnädiger Herr, als sie bereits die letzten Herren Würdenträger wegführten. Sie holten sie aus den verborgensten Winkeln und luden die Herrschaften ein, die Lastwagen zu besteigen. Ein Offizier sagte zu mir, ich solle beim ehrwürdigen Herrn bleiben und ihm wie immer zu Diensten sein. Dann fuhr er mit den übrigen Offizieren ab. Ich begab mich gleich in das Arbeitszimmer des Allerhöchsten, um nach den Wünschen meines allesregierenden Herrn zu fragen, aber er war nicht dort. Ich ging also durch die Gänge und Hallen und überlegte, wo mein Herr stecken könnte; schließlich fand ich ihn im Großen Empfangssaal: Er stand da und beobachtete, wie die Soldaten seiner Garde ihre Rucksäcke und Bündel packten, aufluden und sich zur Abfahrt bereitmachten. Wie kann das sein, denke ich, sie gehen alle weg und lassen unseren Herrn schutzlos zurück, in einer Stadt, wo es von Dieben wimmelt und die Straßen in Aufruhr sind. Ich frage sie daher: Ihr geht so, meine gnädigen Herren, alle zusammen fort? Alle zusammen, sagen sie, aber am Tor bleibt eine Wache, wenn also irgendein Würdenträger sich einschleichen sollte, dann werden sie ihn gleich festnehmen. Und ich sehe, wie unser Herr dasteht und schaut, er spricht kein Wort. Dann verneigen sie sich vor unserem Herrn, schultern ihre Bündel und gehen. Unser erlauchter Herr blickt ihnen lange nach, schweigend, dann kehrt er in seine Gemächer zurück.

Leider ist die Erzählung von L. M. ohne Zusammenhang, der alte Mann versteht es nicht, seine Bilder, Erlebnisse und Eindrücke zu einer kohärenten Einheit zu fügen. »Vater, erinnern Sie sich präzise an die Details!« drängt Teferra Gebrewold. (Er nennt L. M. »Vater« im Hinblick auf dessen Alter, nicht auf Blutsbande.) L. M. erinnert sich also zum Beispiel an folgende Szene: Einmal fand er den Kaiser im Salon stehen und aus dem Fenster schauen. Er trat näher und schaute auch aus dem Fenster: Draußen im Park des Palastes weideten Kühe. Offensichtlich ging bereits die Kunde in der Stadt um, der Palast solle geschlossen werden, das ermutigte die Hirten, ihre Tiere in den Park zu treiben und dort grasen zu lassen. Jemand mußte ihnen mitgeteilt haben, der Kaiser sei nicht mehr von Bedeutung, man könne seine Güter untereinander aufteilen, zumindest den Rasen im Park, der nun allen Menschen gehöre.

Der Kaiser versank in jener Zeit oft lange in Meditation (»darin hatten ihn einst die Inder unterrichtet, die ihn anwiesen, auf einem Bein zu stehen, den Atem anzuhalten und die Augen zu schließen«). Reglos meditierte er stundenlang in seinem Arbeitszimmer (der Kammerdiener grübelt, ob er wirklich meditierte —

vielleicht döste er auch nur), und L. M. wagte nicht einzutreten und ihn zu stören. Die Regenzeit hielt immer noch an; es schüttete Tag und Nacht, die Bäume standen tief im Wasser, die Morgen waren nebelig und die Nächte kalt. H. S. trug immer noch seine Uniform, über die er jetzt eine warme, wollene Pelerine geworfen hatte. Wie früher, wie seit Jahren, standen sie mit dem Morgengrauen auf und gingen in die Palastkapelle, wo L. M. mit lauter Stimme jeden Tag eine andere Stelle aus dem Buch der Psalmen las. »Jahwe, wie viele sind es, die mich bedrängen, viele stehn auf wider mich.« »An den vorgeschriebenen Pfaden halten fest meine Schritte, an deinen Spuren, daß meine Füße nicht straucheln.« »Steh mir nicht ferne in meiner Not, sei mir nahe, denn nirgends ist Hilfe.«

Dann ging H. S. in sein Arbeitszimmer und nahm hinter dem großen Schreibtisch Platz, auf dem mehr als ein Dutzend Telefonapparate standen. Aber alle blieben stumm — vielleicht waren die Leitungen durchgeschnitten. L. M. setzte sich vor die Tür und wartete auf ein Klingeln, das ihn ins Arbeitszimmer rufen würde, um einen Befehl des Kaisers entgegenzunehmen.

L. M.: In jenen Tagen, gnädiger Herr, waren es nur mehr die Offiziere, die uns immer wieder störten. Zuerst kamen sie zu mir und ordneten an, ich solle sie beim erlauchten Herrn anmelden, dann gingen sie ins Arbeitszimmer, wo ihnen unser Herr bequeme Lehnstühle anbot. Dann verlasen sie eine Proklamation, in der sie den großmütigen Herrn aufforderten, alles Geld abzuliefern, das er sich im Verlauf von fünfzig Jahren unrechtmäßig, wie sie sagten, angeeignet und in Banken auf der ganzen Welt deponiert oder auch im Palast selbst und in den Häusern von Würdenträgern und Notabeln versteckt hätte. Er müsse das alles zurückgeben, sagten sie, denn das Geld gehöre dem Volk, das es mit seinem Schweiß und Blut erschuftet habe. »Von welchem Geld redet ihr eigentlich?« fragt unser gütiger Herr, »wir hatten doch gar kein Geld, wir haben doch alles in die Entwicklung gesteckt, um aufzuholen und zu überholen. Und ist die Entwicklung nicht immer ein Erfolg genannt worden?« — »Eine schöne Entwicklung!« rufen die Offiziere, »nichts als leere Wortspiegelei, ein Rauchvorhang«, sagen sie, »hinter dem sich der Hof schamlos bereichert hat!« Und sie springen aus den

Lehnstühlen auf und beginnen den großen Teppich im Arbeitszimmer, einen Perser, aufzurollen. Unter dem Teppich liegt eine dicke Schicht von Dollarbündeln, der ganze Boden ist grün. In Anwesenheit des erhabenen Herrn lassen die Offiziere von Sergeanten die Dollars zählen, dann die Summe notieren und das Geld wegschaffen, um es zu nationalisieren.

Aber kaum hatten sie die Tür hinter sich zugemacht, rief mich der Herr ins Arbeitszimmer und wies mich an, das Geld, das er in den Schubladen seines Schreibtisches aufbewahrte, zwischen den Büchern zu verstecken. Und ich muß sagen, daß unser Herr, der sich als Nachfolger von König Salomon bezeichnete, eine riesige Sammlung der Heiligen Schrift sein eigen nannte, darunter Übersetzungen in allen Sprachen der Welt. In diesen Büchern versteckten wir die Banknoten. Aber die Herrn Offiziere, die waren erst Schlitzohren! Am nächsten Tag kommen sie, verlesen ihre Proklamation und fordern die Rückgabe des Geldes, denn sie wollen, wie sie sagen, Mehl für die Armen kaufen. Aber unser Herr bleibt hinter dem Schreibtisch sitzen und deutet wortlos auf die leeren Schubladen. Darauf erheben sich die Offiziere aus ihren Lehnstühlen, öffnen die Bücherkästen, schütteln die Dollarnoten aus den Bibeln und lassen die Sergeanten alles zählen, notieren und wegschaffen, um das Geld zu nationalisieren.

Das ist noch gar nichts, sagen die Offiziere, auch das restliche Geld muß der Herr abliefern, vor allem jenes auf den privaten Konten in Schweizer und englischen Banken, man schätzt es auf eine halbe

Milliarde Dollar oder noch mehr. Und sie drängen den gütigen Herrn, die nötigen Schecks zu unterschreiben, damit das Geld, wie sie sagen, der Nation zurückerstattet werden kann. »Woher soll ich so viel Geld nehmen?« fragt der ehrwürdige Herr, »habe ich denn nicht den letzten Groschen für die Spitalsrechnungen für meinen kranken Sohn bezahlt, der in einem Sanatorium in der Schweiz liegt?« »Ein schöner Groschen!« antworten die Offiziere und verlesen laut einen Brief von der Schweizer Botschaft, in dem geschrieben steht, unser großmütiger Herr besitze auf dortigen Konten hundert Millionen Dollar. So geht der Streit hin und her, bis der ehrwürdige Herr in Meditation versinkt, seine Augen schließt und den Atem anhält. Dann verlassen die Offiziere das Arbeitszimmer, versprechen aber, wiederzukommen.

Nachdem die Quälgeister unseres Herrn dem Palast den Rücken gekehrt hatten, zog Stille in die Gemächer ein — es war aber eine böse Stille, die die Rufe von der Straße an unsere Ohren dringen ließ. Demonstranten marschierten durch die Stadt, Gesindel rottete sich zusammen, und alle verfluchten den Herrn, nannten ihn einen Dieb und riefen, man müsse ihn am nächsten Ast aufknüpfen. »Betrüger, gib uns unser Geld zurück!« schrien sie, andere skandierten »Hängt den Kaiser!« Ich beeilte mich, alle Fenster im Palast zu schließen, damit diese unschicklichen und verleumderischen Rufe nicht das Ohr des Erhabenen beleidigen und sein Blut in Wallung bringen konnten. Dann führte ich meinen Herrn in die Kapelle, den ruhigsten und abgelegensten Ort im Palast, und las ihm, um jenes lästerliche Gebrüll zu übertönen, mit lauter Stimme die Worte der Propheten vor. »Gib auch nicht auf alle Worte acht, die gesprochen werden; sonst hörst du gar, wie dein Knecht dir flucht.« »Ein Nichts sind sie, ein lächerliches Machwerk. Zur Zeit ihrer Heimsuchung werden sie zugrunde gehen.« »Gedenke, Jahwe, was uns geschehen; blicke her und sieh auf unsere Schmach! Dahin ist unseres Herzens Freude, in Totenklage unser Reigen verwandelt. Gefallen ist der Kranz von unserem Haupte. Darum ist unser Herz traurig, darob sind düster unsere Augen.« »O weh, das alte Gold ist trüb geworden, das feine Gold! Verschleudert werden die heiligen Steine an allen Straßenecken. Die einstens Leckerbissen aßen, verschmachten in den Gassen; die sich auf Purpurkissen stützten, umarmen nun den Abfallhaufen.« »Du hast gesehen all ihre Rachgier, alle ihre Ränke wider mich. Du hast ihr Schmähen gehört, Jahwe! Das Flüstern meiner Gegner, ihr Getuschel wider mich den ganzen Tag. In die Zisterne versenkten sie mein Leben und warfen auf mich Steine.«

Und der greise Monarch, mein gnädiger Herr, vernahm diese Worte und begann einzunicken. Ich ließ ihn in der Kapelle zurück und eilte in meine Kammer, um im Radio die Nachrichten zu hören. In jenen Tagen war nämlich das Radio die einzige Verbindung zwischen dem Palast und dem Kaiserreich.

Alle hörten damals Radio, und die wenigen, die sich einen Fernseher leisten konnten (in diesem Land bis heute ein Symbol des höchsten Luxus), sahen das Fernsehprogramm. Ende August und Anfang September brachte jeder Tag eine Fülle von Enthüllungen über das Leben des Kaisers und der Hofclique. Es regnete Ziffern und Namen, Nummern von Bankkonten, Namen von Landgütern und privaten Firmen. Im Fernsehen wurden die Villen der Notabeln gezeigt, die dort angehäuften Schätze, die Inhalte der geheimen Geldschränke, ganze Berge von Schmuck. Oft war die Stimme des Ministers für die höchsten Privilegien, Admassu Retta, zu hören, der vor der Kommission zur Untersuchung der Korruption aussagte, welcher Würdenträger wann was erhalten hatte, wo und in welchem Wert. Die Schwierigkeit bestand aber darin, daß es fast unmöglich war, eine klare Trennlinie zwischen dem Staatsbudget und dem Privatvermögen des Kaisers zu ziehen, alles war vermischt, ineinander verfilzt, zweideutig. Die Würdenträger hatten sich für öffentliche Gelder Paläste errichtet, Güter gekauft und Auslandsreisen unternommen. Den größten Reichtum hatte aber der Kaiser zusammengetragen; je älter er wurde, um so größer wurde auch seine Raffgier, seine traurige greisenhafte Habsucht. Man könnte mit Bedauern und Nachsicht darüber sprechen, hätte H. S. — er und seine Leute — nicht Millionen aus dem Staatsschatz genommen, umgeben von Friedhöfen voll verhungerter Menschen, Friedhöfen, die direkt vor den Fenstern des Palastes lagen.

Ende August verkündeten die Militärs in einem Dekret die Nationalisierung aller kaiserlichen Paläste. Insgesamt waren es fünfzehn. Dasselbe Schicksal traf die privaten Unternehmen von H. S. — die Brauerei zum heiligen Georg, die Städtische Autobusgesellschaft in Addis Abeba, die Mineralwasserfabrik in Ambo. Die Offiziere statteten dem Kaiser weiterhin ihre Besuche ab, kamen mit ihm zu langen Besprechungen zusammen und drängten ihn, sein Vermögen von den ausländischen Banken abzuziehen und es dem Staatsschatz zu überweisen. Wahrscheinlich wird man nie erfahren, wieviel Geld wirklich auf den zahlreichen Auslandskonten des Kaisers lag. In den Propagandaauftritten der Offiziere ist von vier Milliarden Dollar die Rede, aber das ist sicherlich maßlos übertrieben. Es waren wohl eher ein paar hundert Millionen Dollar. Das Drängen der Militärs hatte keinen Erfolg: Der Kaiser gab sein Geld nie der Regierung, und es liegt bis heute in ausländischen Banken.

Eines Tages, erinnert sich L. M., kamen die Offiziere in den Palast und kündigten an, abends werde im Fernsehen ein Film gezeigt, den H. S. sehen sollte. Der Kammerdiener übermittelte dem Kaiser die Botschaft; der Monarch war gerne bereit, den Willen seiner Armee zu erfüllen. Am Abend nahm er in einem Lehnstuhl vor dem Fernseher Platz, und das Programm begann. Es wurde der Dokumentarfilm »Der unbekannte Hunger« von Jonathan Dimbleby ausgestrahlt. L. M. versichert, der Kaiser habe den Film bis zum Ende angesehen, dann sei er in Meditation versunken. In dieser Nacht, es war die Nacht vom 11. zum 12. September, schliefen der Diener und sein Herr — zwei alte Männer in einem verlassenen Palast — nicht, es war die Silvesternacht. Nach dem äthiopischen Kalender beginnt in dieser Nacht das Neue Jahr. Aus diesem Anlaß stellte L. M. überall im Palast Kerzenleuchter auf.

Gegen Morgen hörten sie das Dröhnen von Motoren und Rasseln von schweren Ketten auf Asphalt. Dann wurde es wieder ruhig. Um sechs Uhr morgens fuhren Militärfahrzeuge beim Palast vor. Drei Offiziere in Felduniform betraten das Arbeitszimmer, in dem sich der Kaiser seit dem Morgengrauen aufhielt. Nachdem sie sich einleitend verbeugt hatten, verlas einer von ihnen den Akt der Absetzung des Kaisers. (Der Text wurde später in der Presse abgedruckt und übers Radio verlautbart: »Obwohl das Volk den Thron in gutem Glauben als Symbol der Einheit behandelt hatte, hat Haile Selassie I. die Autorität, Würde und Ehre des Thrones für seine persönlichen Ziele genützt. In der Folge herrschten in unserem Land Armut und Verfall. Darüber hinaus ist der 82jährige Monarch in Hinblick auf sein Alter nicht mehr imstande, seinen Verpflichtungen nachzukommen. Deshalb wird Seine Kaiserliche Hoheit, Haile Selassie I., mit 12. September abgesetzt und die Macht dem Provisorischen Militärkomitee übergeben. Äthiopien über alles!«)

Der Kaiser hörte das Dekret stehend an, dann sprach er allen anwesenden Offizieren seinen Dank aus und meinte, die Armee habe ihn nie enttäuscht; er fügte hinzu, wenn die Revolution gut für das Volk sei, dann sei auch er für die Revolution und wolle sich der Entthronung nicht widersetzen. »Wenn das so ist«, sagte ein Offizier (er war im Range eines Majors), »wollen Eure Kaiserliche Majestät mit uns kommen!«. »Wohin?« fragte H. S. »An einen sicheren Ort«, erläuterte der Major, »Eure Kaiserliche Hoheit werden schon sehen!« Alle verließen den Palast. In der Auffahrt stand ein grüner Volkswagen. Hinter dem Lenkrad saß ein Offizier, der die Tür öffnete und den Vordersitz vorklappte, damit der Kaiser einsteigen könnte. »Was soll das?« entrüstete sich H. S., »mit so etwas soll ich fahren?« Das war sein einziger Protest an diesem Morgen. Wenig später beruhigte er sich und nahm hinten im Wagen Platz. Der Volkswagen fuhr los, vor ihm ein Jeep mit bewaffneten Soldaten, dahinter nochmals ein Jeep. Es war noch nicht sieben Uhr. Die Polizeistunde war noch in Kraft. Die Straßen waren daher fast menschenleer. Der Kaiser grüßte mit einer Handbewegung die wenigen Menschen, die ihnen begegneten. Schließlich verschwand die Kolonne im Tor der Kaserne der Vierten Division.

Auf Anweisung der Offiziere packte L. M. im Palast seine Sachen, dann ging er mit seinem Bündel auf dem Rücken auf die Straße hinaus. Er hielt ein vorüberkommendes Taxi an und ließ sich nach Hause, in die Jimma Road fahren,. Teferra Gebrewold erzählt, an jenem Tag seien zu Mittag zwei Leutnants gekommen und hätten den Palast abgesperrt. Einer hätte den Schlüssel in die Tasche gesteckt, dann seien sie in ihren Jeep gestiegen und weggefahren. Zwei Panzer, die über Nacht vor dem Palasttor aufgefahren und am Tag von der Bevölkerung mit Blumen bestreut worden waren, kehrten zu ihrer Einheit zurück.

Äthiopien. *Haile Selassie glaubt immer noch, er sei Kaiser von Äthiopien.*

Addis Abeba, 7. Februar 1975 (Agence France Presse).
— In den Gemächern des alten, auf den Hügeln über Addis Abeba gelegenen Palastes von Menelik verbringt Haile Selassie die letzten Monate seines Lebens als Gefangener, umgeben von seinen Soldaten. Nach den Berichten von Augenzeugen verneigen sich die Soldaten — wie in den besten Zeiten des Kaiserreiches — immer noch vor dem König der Könige. Dank dieser Geste, so meinte kürzlich ein Vertreter einer internationalen Hilfsorganisation, der ihn besuchte und auch andere Häftlinge im Palast zu Gesicht bekam, ist Haile Selassie immer noch davon überzeugt, er sei Kaiser von Äthiopien.

Der Negus erfreut sich guter Gesundheit und hat in letzter Zeit begonnen, viel zu lesen — trotz seines Alters liest er ohne Brille —, und von Zeit zu Zeit berät er die Soldaten, die ihn bewachen. Man muß hinzufügen, daß die Wachsoldaten jede Woche gewechselt werden, denn der greise Monarch hat sich sein Talent bewahrt, andere Menschen für sich zu gewinnen. Wie in früheren Zeiten wird jeder Tag des ehemaligen Kaisers nach einem unumstößlichen Programm eingeteilt und verläuft nach den Riten des Protokolls.

Der König der Könige erhebt sich mit dem Morgengrauen, dann nimmt er an der Frühmesse teil, später vertieft er sich in seine Lektüre. Manchmal bittet er um Nachrichten über den Verlauf der Revolution. Der ehemals unumschränkte Herrscher wiederholt heute noch, was er am Tag seiner Entthronung sagte: »Wenn die Revolution gut für das Volk ist, bin ich für die Revolution.«

Im ehemaligen Arbeitszimmer des Kaisers, einige Meter von dem Gebäude entfernt, in dem Haile Selassie jetzt untergebracht ist, beraten die zehn Führer des Derg ohne Pause, wie man die Revolution retten könne; der Kriegsausbruch in Eritrea hat für das Land nämlich neue große Gefahren heraufbeschworen. Unmittelbar daneben stehen die Käfige mit den Löwen des Kaisers, die unter drohendem Knurren ihre tägliche Fleischration fordern. Auf der anderen Seite des alten Palastes, in der Nähe des Gebäudes, das Haile Selassie bewohnt, stehen Unterkünfte des früheren Hofes. In den Kellern sind Würdenträger und Notabeln eingesperrt, die auf ihr weiteres Schicksal warten.

The Ethiopian Herald; Addis Abeba 28.8.1975 (ENA)

Gestern verstarb der frühere Kaiser von Äthiopien, Haile Selassie. Die Todesursache war ein Kreislaufversagen.

Ryszard Kapuściński

Auskünfte über *Eine Parabel der Macht*

Wie die meisten meiner Bücher ist *König der Könige* langsam entstanden; ich habe fast fünfzehn Jahre dazu gebraucht. Nach Äthiopien bin ich zum erstenmal im Mai 1963 gekommen. Ich hatte einen journalistischen Auftrag; die polnische Nachrichtenagentur PAP schickte mich nach Addis Abeba, wo das erste Treffen aller Staatspräsidenten Afrikas stattfand. Damals wurde auch die Organisation Afrikanischer Staaten (OAS) gegründet und eine Afrika-Charta verabschiedet. Äthiopien war damals das einzige afrikanische Reich, das die Epoche des Kolonialismus überstanden hatte. Aber auch die Kultur des Landes war einzigartig. Sie ist byzantinisch geprägt. Die äthiopische Kirche ist eine Sonderform des koptischen Christentums. Davon legen die herrlichen Klöster noch heute Zeugnis ab mit ihrer Ikonenkunst aus dem vierzehnten bis siebzehnten Jahrhundert.

Die politische Situation von 1963 gab zu denken. Der Logik des kalten Krieges folgend, waren die neuen Staaten der afrikanischen Unabhängigkeit in zwei Lager gespalten: in die Casablanca-Gruppe, die dem Ostblock, und die Monrovia-Gruppe, die dem Westen nahestand.

Der damalige Präsident von Ghana, Kwame Nkrumah, wollte sich mit dieser Teilung nicht abfinden. Er spielte eine besondere Rolle, weil sein Land das erste Land Schwarzafrikas war, das die Unabhängigkeit erlangte; das war im Jahr 1957. Von dort aus breitete sich die Bewegung, die zur Entkolonialisierung führte, über den ganzen Kontinent aus. So wurde Nkrumah zum Wortführer der afrikanischen Einheit.

Angesichts der Ost-West-Konfrontation mußten sich alle Beteiligten auf einen Schirmherrn einigen, der bei der Gründung der OAS die Schiedsrichterrolle übernehmen konnte. Dafür kam nur Haile Selassie in Frage. Er war 1934 der bewaffneten Aggression Mussolinis entgegengetreten; er kehrte mit Hilfe der Engländer siegreich aus dem Exil zurück; er saß auf dem Thron des ältesten genuin afrikanischen Reiches; er war der lebende Beweis dafür, daß Afrika seine eigene, vorkoloniale Geschichte hatte und imstande war, sich selbst zu regieren.

Aus all diesen Gründen wurde Haile Selassie zu einer Symbolfigur für ganz Afrika. Die Konferenz von Addis Abeba kristallisierte alle Hoffnungen, die sich mit der neugewonnenen Unabhängigkeit verbanden. Es fällt heute schwer, sich den ungebrochenen Optimismus zu vergegenwärtigen, der damals herrschte. Man war überzeugt davon, daß es nur eine Frage der Zeit sein konnte, bis die afrikanischen Länder »aufgeholt« hätten. Ich erinnere mich an eine Debatte zwischen dem amerikanischen Ökonomen Walter Rostow und seinem französischen Kollegen

René Dumont über die Frage, ob es zwanzig oder vierzig Jahre dauern würde, bis Afrika den Entwicklungsstand der Schweiz oder der Niederlande erreicht haben würde.

Auf der einen Seite also diese Atmosphäre der Modernisierungshoffnungen im Konferenzgebäude der OAS; auf der anderen Seite das feudale, byzantinische Zeremoniell eines altertümlich wirkenden Hofes. Hier wurde afrikanische Geschichte gemacht; und zugleich war Äthiopien weit entfernt von allen anderen Gesellschaften des Kontinents, nicht nur durch seine traditionelle koptische Kultur, sondern auch im geographischen Sinn durch hohe, unzugängliche Bergketten, die dem Austausch mit den anderen Ländern des Festlandes unüberwindliche Schranken entgegensetzen. Nur dadurch hat es letzten Endes seine Eigenart bewahren können.

Äthiopien hat mich vom ersten Augenblick an fasziniert. Ich bin nicht in der Hauptstadt geblieben; nach dem Ende der Konferenz habe ich mich auf den Weg ins Innere gemacht. Dabei erfährt man sehr rasch, daß die koptische Kultur der Amharen zwar nach wie vor die hegemoniale ist, daß es aber zwei weitere Kulturen gibt, die eine entscheidende Rolle in Äthiopien spielen; das ist zum einen die muslimische im Osten des Landes, die immer schon unter dem Einfluß des Roten Meeres und der arabischen Halbinsel stand, und zum andern die Region des westlichen Tieflandes, in der die traditionellen afrikanischen Religionen vorherrschen. Insofern ist die Einheit

Äthiopiens immer problematisch gewesen. Die Herrschaft der amharischen Kopten des Hochlandes war nie ganz unumstritten, und es ist immer wieder zu Rebellionen und Abspaltungsversuchen gekommen, nicht nur in Eritrea, sondern auch im Ogaden und im Tigre.

Ich habe mich dann, seit meiner ersten Begegnung mit diesem Land, immer wieder mit Äthiopien beschäftigt und habe jede Gelegenheit benutzt, um mich dort umzusehen. Ich habe auch die Literatur studiert; leider ist sie vergleichsweise wenig ergiebig. Auch das hat sicherlich mit der eigentümlichen Isolation zu tun, die das Geheimnis Äthiopiens ausmacht; die amharische Gesellschaft ist bekannt dafür, wie schwer es ist, in sie einzudringen. Und was den Hof Haile Selassies betrifft, so steigerte sich hier diese Unzulänglichkeit ins Extrem. Damals jedenfalls wußte man kaum etwas über die Interna seines Regimes; man kann sagen, daß die Geheimhaltung immer schon zur Herrschaftstechnik dieser Monarchie gehörte, ja sogar ihren Kern ausmachte. Bis in die letzten Jahre Haile Selassies und darüber hinaus gab es in Addis Abeba keine Öffentlichkeit.

Allerdings waren meine Möglichkeiten, tiefer in die Probleme Äthiopiens einzudringen, auch aus anderen Gründen begrenzt. Die sechziger Jahre waren in Afrika eine sehr unruhige Zeit; Jahr für Jahr gab es Putsche, Revolutionen, Guerilla- und Bürgerkriege. Und da ich der einzige polnische Afrika-Korrespondent war, hatte ich alle Hände voll zu tun, um auf dem laufenden zu bleiben; ich war dauernd an allen

Ecken und Enden des Kontinents unterwegs. Immerhin war Ostafrika meine Operationsbasis; ich lebte zuerst in Dar es Salaam, dann in Nairobi, und von dort aus konnte ich immer wieder ein paar Tage nach Addis fliegen und meine Kontakte dort aufrechterhalten.

Dann kam die Revolution, im Januar 1974. Ich fuhr natürlich sofort nach Addis Abeba, in meiner Eigenschaft als ganz normaler Reporter, und sandte meine aktuellen Berichte nach Warschau. Die Ereignisse konnten mich nicht überraschen. Sie liefen nach einem Schema ab, das wir nur allzugut aus der Geschichte kennen. Am Anfang stand ein gewaltloser Aufruhr, getragen vor allem von Studenten, Schülern und Intellektuellen; das war eine Zeit erhitzter Diskussionen und friedlicher Demonstrationen, die immer weitere Kreise der Stadtbevölkerung mitrissen. In einem zweiten Stadium pflegt dann die revolutionäre Bewegung die Armee und die Polizei zu erreichen. Was bis dahin eine durchaus demokratische Bewegung war, nimmt in dem Moment, da sich die Machtfrage stellt, einen ganz anderen Charakter an. Im Fall Äthiopiens kann man von einer Machtergreifung durch die Streitkräfte sprechen. Die abtrünnigen Offiziere bildeten einen Militärrat, den sogenannten Derg, der mit seinen Panzern sogleich die Straße beherrschte.

In einem dritten Stadium kommt es dann zur Revolution innerhalb der Revolution. Dabei hat die Bevölkerung bereits nichts mehr mitzureden. In

Addis kämpften verschiedene Fraktionen innerhalb des Derg um die Macht, und in dieser blutigen, skrupellos geführten Auseinandersetzung behielten die Doktrinäre, die Hardliner, angeführt von Mengistu, die Oberhand. Ich beschrieb also diese Vorgänge, die dem klassischen Szenario folgten, und fuhr nach Hause.

Erst als Haile Selassie abgesetzt und die neue Diktatur bereits fest etabliert war, kehrte ich nach Addis Abeba zurück, mit dem Auftrag, eine weitere Serie von Berichten zu schreiben.

Ich machte mich an die Arbeit. Es war die übliche Routine: Ankunft am Flughafen; die Panzer auf den Straßen; die ökonomische Misere; die Gerüchte aus dem Hauptquartier; die verängstigten Zivilisten; der Stromausfall, die Straßensperren, der Müll . . . Ich kannte das alles. Nachdem ich die ersten zwei Seiten geschrieben hatte, sagte ich mir: »Nein, das reicht. So kann ich nicht weitermachen. Das alles langweilt mich. Es ist immer dasselbe, ein journalistisches Einerlei, bei dem das Wichtigste ungesagt bleibt. So kann man nicht schreiben.« Aber wie dann?

Meine Warschauer Auftraggeber drängelten. »Wann kommt Ihr erster Artikel? Wir erwarten dringend weitere Berichte.« Ich saß mit leeren Händen da. Aus dem Fernschreiber kamen Mahnungen. Ich antwortete nicht, ging nicht mehr ins Büro, schloß mich zu Hause ein und legte mich auf den Fußboden. Es war eine regelrechte Depression. Ich wußte nicht mehr ein noch aus.

In einer solchen Situation gibt es nur einen Ausweg. Man muß ganz von vorne anfangen. Nur der einfachste Satz kann einen retten, ein Satz wie aus der Schulfibel für Erstkläßler. Das war mir durchaus klar, aber ich konnte diesen ersten Satz nicht finden. Erst nach Tagen fiel mir ein, daß der Kaiser ein Hündchen hatte; dieses Hündchen liebte er sehr. Und ich sagte mir: Also gut, fangen wir damit an. Und ich schrieb: »Es war ein kleiner Hund, eine japanische Rasse.«

Das ist wirklich der minimalste Satz, den man sich denken kann. Einfacher geht es nicht. Aber kaum stand er da, wußte ich, daß ich keinen Zeitungsartikel schreiben würde, sondern ein Buch. Alles Weitere war nur eine Frage der Zeit und des Arbeitsaufwandes.

Woher war er gekommen, dieser Satz mit dem Hund? Wer hatte ihn gesagt? Hinter dem geschriebenen Satz stand eine Stimme, und nun ging es darum, diese Stimme zu identifizieren, sie wiederzufinden, ihr zuzuhören. Ich ging meine Notizen durch, besonders alle Gespräche, alle Unterhaltungen, die den Hof betrafen; ich fing an, sie zu sortieren, zu ordnen, aus diesem Gewirr, diesem Palaver eine Collage von Stimmen zu machen.

Aber es zeigte sich bald, daß es nicht damit getan war, das Material zu schneiden und zu montieren. Ich mußte einen Schritt weiter gehen; denn in der normalen Sprache, wie sie jedem Reporter zur Verfügung steht, war das, worum es mir ging, überhaupt nicht auszudrücken. Man könnte das, womit ich es zu tun hatte, eine Übersetzungsarbeit nennen. Ich meine damit kein bloßes Dolmetscher-Problem. Helfer hatte ich nämlich genug. Das waren Äthiopier, die in Polen studiert hatten. Das sozialistische System vergab regelmäßig Stipendien an Studenten aus der dritten Welt. Sie gehörten der Intelligenzija ihrer Herkunftsländer an, und nach ihrer Rückkehr arbeiteten viele von ihnen an exponierter Stelle. In Addis kannte ich eine ganze Reihe von ihnen, die perfekt Polnisch sprachen; einige von ihnen waren vor der Revolution sogar am Hof beschäftigt. In diesem Sinn hatte ich also keine sprachlichen Probleme.

Die Frage der Übersetzung stellte sich auf einer ganz anderen Ebene, nämlich der Ebene der Allegorie. Ich wollte den archaischen Charakter aller Autokratien zeigen. In diesem Sinn war der Hof Haile Selassies nur ein Exempel für den Widerspruch, der überall auftritt, wo sich ein autokratisches System mit den Notwendigkeiten der Modernisierung konfrontiert sieht. Insofern war meine Perspektive die eines Menschen, der diesen Widerspruch sozusagen am eigenen Leib erfahren hat, und es ist sicher kein Zufall, daß ich als Pole auf dieses Thema gestoßen bin.

Das alles hatte natürlich Folgen für die sprachliche Gestalt meines Buches, die von seinem Inhalt nicht zu trennen ist. Ich begab mich deshalb auf die Suche nach einer Sprache, die dem archaischen Gegenstand entsprach. Ich las systematisch die polnische Literatur aus dem fünfzehnten, sechzehnten und siebzehnten Jahrhundert; ich exzerpierte altertümliche Wörter und Redewendungen und erstellte mir aus diesem Fundus ein eigenes Wörterbuch mit obsoleten, aber sprechenden Vokabeln aus unserer eigenen Vergangenheit. Nebenbei bemerkt: ich bin meinem deutschen Übersetzer Martin Pollack sehr dankbar; er hat sich nämlich die Mühe gemacht, Äquivalente für diese eigentümliche Sprache zu finden; hätte er sich damit begnügt, es in die Sprache des Alltags zu übersetzen, wäre mein Buch für den deutschen Leser verloren gewesen.

Aber nicht alle Probleme ließen sich auf diese Weise lösen; es gab auch Dinge, für die sich keine polnischen Entsprechungen finden ließen. Das galt vor allem für Funktionen und Titel, die in Europa einfach nie existiert haben. Den Wortschatz, der dafür nötig war, mußte ich erfinden.

In sämtlichen orientalischen Feudalgesellschaften herrscht eine besonders weit getriebene Arbeitsteilung. Wenn man zum Beispiel in Indien in einem guten Hotel absteigt, so findet man dort ungefähr zehn Menschen zu seiner Bedienung vor. Der eine ist ausschließlich dazu da, die Schuhe des Gastes zu putzen; der zweite bringt den Tee; der dritte bügelt die Hemden, und so fort. Diese Verrichtungen sind nicht austauschbar. Es ist nicht so, daß der erste zufällig die Schuhe putzt; er *ist* der Schuhputzer, das ist seine soziale Existenz, um nicht zu sagen: sein Privileg; denn er ist der einzige, der berechtigt ist, diese Arbeit auszuführen. Diese strikte Teilung der Funktionen war auch typisch für den äthiopischen

Hof. Es gab dort tatsächlich eine Charge, die ausschließlich dazu bestimmt war, die Pisse des kaiserlichen Hündchens aufzuwischen. Darin bestand seine Existenzberechtigung am Hofe, und er sprach davon voller Stolz. Die Ernennung zu dieser Würde verlieh ihm Gewicht und Ansehen in der Gesellschaft.

Ich bin oft gefragt worden, wie ich das Vertrauen meiner Gewährsleute gewinnen konnte. Der intime Charakter ihrer Äußerungen — in manchen Fällen könnte man geradezu von Geständnissen sprechen — setzt in der Tat eine gewisse Nähe voraus. Ich glaube, daß dabei zwei ganz verschiedene Motive eine Rolle spielten.

Zum einen hatte ich es mit Leuten zu tun, die auf der Seite der Verlierer standen. Die Macht, der sie gedient hatten, existierte nicht mehr; ihr winziger Anteil daran war verschwunden. Draußen auf den Straßen wurde geschossen. Die Stunde der Abrechnung war da. Diese Situation hatte auch einen moralischen Aspekt. Die Angehörigen des Hofes mußten sich zum ersten Mal in ihrem Leben rechtfertigen. Dazu brauchten sie einen Zuhörer, der bereit war, ihre Verteidigung zur Kenntnis zu nehmen und zu überliefern. Sie waren ja sozusagen die Angeklagten. Die Revolution beschuldigte sie, das Land unterdrückt und ausgebeutet zu haben. Sie galten plötzlich als Verbrecher, die das Volk verraten hatten. Es fiel ihnen schwer, diese Anschuldigungen zu fassen. Sie waren empört darüber, und in ihrer Blindheit wiesen sie alle diese Vorwürfe energisch zurück. In ihren Augen war Haile Selassie eine unantastbare Figur, ein großer Mann, großmütig und voller Wohlwollen, der nur das Beste für sein Land im Sinn hatte, und sie waren seine treuen Diener. Die Situation war äußerst emotionsgeladen, und ihre Aussagen waren deshalb sehr freimütig. Schließlich ging es für diese Leute um Leben oder Tod. Für mich hatte das den Vorteil, daß sie in vollem Ernst sprachen; eben der blinde Fleck in ihrer Rede bürgte für ihre Aufrichtigkeit.

Ein zweiter Grund für ihre Bereitschaft, mit mir zu sprechen, war der, daß ich nie allein zu ihnen kam. Das ist in Äthiopien nicht anders als in Rußland: ein Ausländer, der versucht, allein durchzukommen, ist verloren. Ohne Bürgen, ohne Empfehlungen geht in solchen Gesellschaften, die strikt zwischen Außenwelt und innerem Zirkel unterscheiden, gar nichts. Deshalb nehme ich mit Unbekannten nie direkt Kontakt auf. Ich schicke einen Mittelsmann, einen Freund zu ihnen, der sich für mich verbürgt. Erst nach einer solchen Einführung sind die Menschen bereit, mit dem Außenseiter zu reden.

Für ihre Vorsicht haben sie gute Gründe. Im Addis des Jahres 1974 war eine solche Recherche lebensgefährlich. Das Militär war nervös. Die Soldaten gingen barfuß. Sie waren auf eine revolutionäre Situation völlig unvorbereitet und hatten Angst. Auf den Straßen lagen Leichen, überall war das Feuer der Maschinenpistolen zu hören. Unter solchen Umständen ist die Arbeit eines Schriftstellers ziemlich schwierig.

Die meisten meiner Gewährsleute waren untergetaucht, bei entfernten Verwandten oder unverdächtigen Freunden. Die Häuser in Äthiopien bieten gute Möglichkeiten, sich zu verstecken. Wer nicht arm ist, lebt hinter hohen Mauern. Jedes Haus hat einen Hof; dahinter liegen meist mehrere Nebengebäude. Die Architektur hat etwas Labyrinthisches. In den Gängevierteln von Addis Abeba hätte ich mich allein nie zurechtgefunden. Mein wichtigster Führer war Teferra Gebrewold. Ohne seine Hilfe hätte ich das Buch wahrscheinlich nicht schreiben können. Er war schon ziemlich alt, als ich ihn kennenlernte. Ich weiß nur, daß er nicht mehr am Leben ist, aber die genauen Umstände seines Todes habe ich nicht erkunden können. Ich vermute aber, daß er nicht ermordet wurde, sondern eines natürlichen Todes gestorben ist, vielleicht an einem Schlaganfall. Aber sicher ist das nicht. Nach den niedrigsten Schätzungen sind damals in Addis mehr als 30 000 Menschen ums Leben gekommen.

Eine andere Frage, die mir immer wieder gestellt worden ist, betrifft das Verhältnis von faktischem Gehalt und literarischer Erfindung. Ist *König der Könige* ein Sachbuch? Ist es Literatur? Fiction oder Non-fiction? Ich finde, daß diese Fragestellung nicht nur erkenntnistheoretisch naiv, sondern auch unergiebig ist. Natürlich besteht mein Text nicht aus Tonbandabschriften; er ist ein literarisches Konstrukt. Das versteht sich von selbst.

Aber das Problem liegt überhaupt nicht auf dieser

Ebene. Wenn man einen historischen Vorgang wie die äthiopische Revolution beschreiben will, kommt man mit den traditionellen Genres nicht mehr aus. Dazu ist weder der Roman noch die Autobiographie, noch die Reisebeschreibung geeignet. Vieles an diesen Formen kommt mir ausgeleiert vor, als hätten sie sich historisch erschöpft. Man muß sich etwas Neues einfallen lassen. Das gilt auch für die klassische Reportage. Wenn man heute die besten Arbeiten dieser Art aus den dreißiger, vierziger, fünfziger Jahren wiederliest, wird man feststellen, daß ein großer Teil ihrer Funktion heute vom Fernsehen übernommen worden ist. Eine ähnliche Krise hat die Malerei bereits im neunzehnten Jahrhundert durchgemacht, als die Photographie aufkam. Die technischen Medien haben die Künste jedoch keineswegs überflüssig gemacht; sie haben nur ihre Funktion grundlegend verändert. Das gilt auch für die Literatur.

Eine der Folgen ist, daß ich mich an die herkömmlichen Spielregeln, wie sie sich in Gestalt der literarischen Genres ausgebildet haben, nicht mehr halten kann; ich muß ihre Grenzen überschreiten. Dazu ist mir jedes Mittel recht. Ich sehe nicht ein, warum ich darauf verzichten sollte. Je nachdem, was ich zu sagen habe und womit ich die höchste Präzision erreichen kann, bediene ich mich essayistischer, erzählerischer, journalistischer Methoden. Ich greife auf die klassische Prosa, auf die Form des Reisetagebuchs, ja sogar auf die Poesie zurück.

Bei meinem Vorgehen ließen sich vielleicht drei Phasen unterscheiden. Erstens muß ich mich auf jedes Projekt gründlich vorbereiten. Ich lese alles, was ich finden kann. Dieses Studium verschafft mir nicht nur die nötigen Vorkenntnisse; es hilft mir auch, der Wiederholung des Bekannten zu entgehen; im übrigen gerate ich oft genug in Opposition zu der vorhandenen Literatur, wenn ich an Ort und Stelle sehe, was der Fall ist.

Denn die zweite Phase ist für mich unentbehrlich. Ich muß da sein, ich muß mich der Situation aussetzen, bis zur physischen Erschöpfung, hautnah. Ohne diese unmittelbare Erfahrung könnte ich keine Zeile schreiben. Und dabei stellt sich nicht selten heraus, daß die Berichte aus dem Archiv völlig unzulänglich waren, weil sich niemand die Mühe gemacht hatte, die eigene Haut zu riskieren.

Die dritte Phase, die der Reflexion, ist gewöhnlich die langwierigste; hier beginnt die eigentliche literarische Arbeit. Dabei entscheidet sich dann, ob und wieweit man über das Niveau des Journalismus hinaus etwas Dauerhaftes zustande bringt oder nicht. Das alles mag sich reichlich überheblich anhören, aber es hätte keinen Sinn, wenn ich verschweigen wollte, was mein Ehrgeiz ist.

Auf diese Weise erklärt sich auch meine Themenwahl. Es ist ja nicht so, daß ich mich irgendwohin schicken lasse und dann ein Buch über meine Reise schreibe. Das würde kaum den Aufwand lohnen. Die spezifische Situation, das Ereignis, das ich beschreibe, dient mir als Modell, an dem sich etwas zeigen läßt, das für uns alle von Bedeutung ist. Mein **Buch über Haile Selassie** handelt vom universellen

Code der Machtpolitik. Deshalb trägt es auch den Untertitel *Eine Parabel der Macht*. Am kaiserlichen Hof von Addis lassen sich Mechanismen darstellen, die man überall wiederfindet, wo es um den harten Kern der Politik geht. Ich wollte zeigen, wie dieses Medium der Politik die Menschen, die in der Zone der Macht leben, von Grund auf verändert: ihre Mentalität, ihre Kultur, ihr Verhalten. Das geht bis in die Körpersprache, den Gang dieser Leute, ihre Sprache, ihre Gestik. Dafür bot der Fall Äthiopien die besten Bedingungen, nicht zuletzt durch die Abgeschlossenheit des Hofes, durch seine Entfernung von der Alltagsrealität des Landes. Das ist auch der Grund dafür, daß das Buch viele Arten der Lektüre ermöglicht. Seine Rezeptionsgeschichte liefert dafür den Beweis.

Manche Leser haben es als Allegorie der polnischen Verhältnisse gelesen. Aber ich wollte mich keineswegs auf eine direkte Beschreibung der Lage in meiner Heimat einlassen. Gierek und seine Leute hielt ich für relativ uninteressant; dieses Thema hätte mich eher eingeengt. In gewisser Weise geht es in dem Buch nicht einmal um Haile Selassie als Person. Ich kann mir vorstellen, daß ein Leser, sagen wir in Paraguay oder Rumänien oder auf den Philippinen, es auf jeweils andere Weise gelesen hätte, ganz zu schweigen von der Sowjetunion, deren Führung oft verblüffende Ähnlichkeiten mit dem äthiopischen Hof aufwies. Das zeigt sich nicht nur an den Sitten und Ritualen, die dort üblich waren, sondern auch an der Paranoia, der Atmosphäre des Verdachts, an der

Angst vor der Öffentlichkeit und der manischen Geheimniskrämerei, sondern auch an der Dialektik der Reform und an den Schwierigkeiten, die auftauchen, wenn die absolute Macht in eine existenzbedrohende Krise gerät.

Die Projektionsflächen, die meine Parabel der Macht bietet, sind übrigens nicht auf die politische Sphäre beschränkt. Ich habe Leser getroffen, die noch ganz andere Parallelen fanden. In einigen amerikanischen Rezensionen wurde der Hof Haile Selassies mit den Chefetagen von Großkonzernen verglichen. Im Londoner Royal Court Theatre kam ich eines Tages zufällig in das Büro einer Dame, die mit der Verwaltung der Bühne beschäftigt war. Ich sah, daß sie weinte, und fragte sie, was vorgefallen war. »Ich muß meine Sachen packen«, sagte sie. »Ich halte es hier nicht länger aus.« — »Warum denn?« — »Ausgerechnet Sie stellen mir eine solche Frage?« erwiderte sie. »Das steht doch alles in Ihrem Buch!« Ich will damit nur sagen, daß sich die Mechanismen, die ich beschreiben wollte, im Mikrokosmos jeder, auch der kleinsten Institution wiederfinden, und daß dies den meisten Lesern unmittelbar einleuchtet.

Natürlich hat sich das auch in Polen erwiesen. *König der Könige* ist dort im Jahre 1978 erschienen. Es war nicht ganz einfach, das Buch durch die Zensur zu bringen. Mit Rücksicht auf die Bestimmungen, die damals galten, wählten wir einen Umweg. Mein Text wurde zuerst nicht in Buchform gedruckt, sondern kapitelweise, wie ein Fortsetzungsroman, in der

Zeitschrift *Kultura*. Niemand kannte den ganzen Text, weder in der Redaktion noch im Verlag, noch bei der Zensurbehörde. »Worauf wollen Sie eigentlich hinaus?« wurde ich gefragt. »Wir erwarten eine gründliche politische und ökonomische Analyse der äthiopischen Revolution, und Sie erzählen uns etwas von den Türstehern und den Schoßhündchen des Negus!« — »Nur Geduld«, sagte ich ihnen und vertröstete sie auf die späteren Kapitel des Buches. Als diese Hinhaltetaktik nicht mehr verfing, wurde ich zu einer Sitzung einbestellt. Dort ging ich dann in die Offensive. »Sie werden doch nicht behaupten wollen, daß das Zentralkomitee sich mit dem korrupten Regime eines Haile Selassie vergleichen ließe? Das kann doch nicht Ihr Ernst sein!« Dem war schwerlich etwas entgegenzusetzen, und so erschien eine Fortsetzung nach der anderen in unserer Wochenzeitung.

Nun galt in den einschlägigen Verordnungen der polnischen Behörden der Grundsatz, daß ein Text, der bereits einmal genehmigt und publiziert worden war, der Zensur nicht ein zweites Mal vorgelegt werden mußte; er durfte beliebig oft nachgedruckt werden. Darauf berief sich der Verlag, und schließlich konnte *König der Könige* auch in Buchform erscheinen, wenn auch nur in einer relativ geringen Auflage. Ich glaube, es waren 5000 Exemplare, die natürlich im Nu vergriffen waren. Viele Leser hatten das allerdings vorhergesehen und sich ihr eigenes Exemplar aus Zeitungsausschnitten zusammengeheftet.

Erst in den achtziger Jahren wurde das Buch nachgedruckt, und es hat in kurzer Zeit eine Auflage von weit über einer halben Million erreicht. Theaterleute haben es auf die Bühne gebracht; es gab, glaube ich, verschiedene Fernsehfassungen; es wurde in ungefähr dreißig Sprachen übersetzt; kurzum, es ist mir gewissermaßen entlaufen und geht heute seine eigenen Wege.

Es gibt allerdings einige Gegenden auf der Welt, wo es nach wie vor nicht erscheinen kann. Dazu gehören die meisten arabischen Länder, Cuba, Nordkorea und der Iran. Auch eine Milliarde Chinesen sind bisher von dem verderblichen Einfluß, den mein Buch vielleicht auf sie ausüben könnte, verschont geblieben, und ich glaube kaum, daß das ein Zufall ist.

Berlin, im Sommer 1994

Dieser Text geht auf ein Interview zurück, das Hans Magnus Enzensberger in englischer Sprache mit dem Autor führte. Der Interviewer hat das Transkript redigiert und ins Deutsche übersetzt.

Zeittafel

1892 Haile Selassie, der spätere Kaiser von Äthiopien, wird als Tafari Makonnen, Sohn von Ras Makonnen, dem engsten Vertrauten des regierenden Kaisers Menelik II., bei Harar geboren.
1896 Sieg der Äthiopier über die italienische Invasionsarmee; das Kaiserreich kann seine Unabhängigkeit bewahren.
1911 Der Kaiser ernennt Ras Tafari zum Provinzgouverneur von Sidamo und Harar.
1913 Menelik II. stirbt.
1916 Meneliks Tochter Zauditu wird zur Kaiserin gekrönt; die Landesfürsten stellen ihr Ras Tafari als Regenten zur Seite und ernennen ihn zum Thronfolger.
1923 Tafari erreicht die Aufnahme Äthiopiens in den Völkerbund und weist italienische Ansprüche auf sein Land zurück; er entwirft ein Programm zur autoritären Modernisierung Äthiopiens.
1924 Als erster Herrscher des Landes reist Tafari ins Ausland (Rom, Paris und London).
1928 Tafari nimmt den Titel *Negus* (König) an.

1930 Nach dem Tode der Kaiserin Zauditu wird Tafari zum Kaiser gekrönt; er nennt sich seither Haile Selassie (»Macht der Dreifaltigkeit«).

1931 Haile Selassie verkündet eine Verfassung und setzt ein Parlament ein; Parteien sind und bleiben verboten; eine legislative oder kontrollierende Funktion kommt diesem Gremium nicht zu. Der Herrscher entmachtet zum größten Teil die Provinzfürsten und zentralisiert die Administration; durch ein ausgeklügeltes Patronage- und Polizeisystem stärkt er sein persönliches Regime.

1935 Die kolonialen Ambitionen Italiens in Ostafrika führen zum Krieg. Am 3. Oktober überfallen Mussolinis Truppen Äthiopien. Die Sanktionen des Völkerbundes gegen Italien bleiben wirkungslos.

1936 Am 1. Mai verläßt Haile Selassie Addis Abeba und geht nach England ins Exil; fünf Tage später fällt die Hauptstadt in die Hand der Italiener, die Äthiopien ihrem kurzlebigen Imperium einverleiben. Es gelingt der Kolonialmacht jedoch nie, die Kontrolle über das ganze Territorium zu erlangen; es kommt immer wieder zu Aufständen; ganze Landstriche werden von Widerstandskämpfern beherrscht.

1940 Nach dem Eintritt Italiens in den Zweiten Weltkrieg unterstützen die Engländer Haile Selassie, der von Khartoum aus den Befreiungskrieg gegen die Italiener organisiert.

1941 Mit Hilfe englischer, sudanesischer, indischer und französischer Truppen greifen die Äthiopier die italienische Bestzungsmacht an; am 5. Mai zieht Haile Selassie als Sieger in Addis Abeba ein.

1942 Durch ein britisch-äthiopisches Abkommen wird Haile Selassie in seiner Position als Staatsoberhaupt bestätigt; die Briten behalten sich jedoch die Oberhoheit über Eritrea und das Ogaden vor; erst 1962 wird die von jeher prekäre Einheit Äthiopiens wiederhergestellt.

1955 Haile Selassie erläßt eine neue Verfassung; zwei Jahre später finden zum erstenmal allgemeine Wahlen statt; an der absoluten Herrschaft des Kaisers ändert sich nichts, da das Land weiterhin ausschließlich von seinen Kreaturen am Hof und in der Bürokratie regiert wird.

1958 In Asmara wird die erste äthiopische Universität gegründet. Der rasche Aufbau der Armee stärkt den Einfluß der Militärs.

1960 Erster Putschversuch, geführt von der Kaiserlichen Leibwache. Der Coup wird rasch niedergeschlagen, die Anführer werden hingerichtet.

1965 Erste Studentenunruhen in Addis Abeba, die sich 1969 und 1970 ausdehnen und brutal unterdrückt werden.

1966 Es kommt zu lokalen Aufständen in Eritrea, wo in den folgenden Jahren eine separatistische Befreiungsfront (die ELF) entsteht.

1972/73 Schwere Hungerkatastrophe in Äthiopien.

1974 Ende Januar künden Massenstreiks und Demonstrationen in der Hauptstadt das Ende des Regimes an. Studenten, Taxifahrer und Gewerkschaften beherrschen die Straßen von Addis Abeba. Einheiten der Armee, angeführt von jüngeren Offizieren, meutern und schließen sich der Bewegung an. Der Kaiser versucht durch Kabinettsumbildungen und eine Anti-Korruptions-Kampagne gegenzusteuern, doch zeigen diese Maßnahmen keine Wirkung mehr.

Im Juni reißt ein selbsternannter Provisorischer Militärrat die Macht an sich, der sogenannte *Derg;* im Juli ist dieses 120köpfige Gremium bereits in der Lage, einige Minister der Regierung verhaften zu lassen. Am 12. September verkündet der *Derg* das Ende der kaiserlichen Herrschaft; er erklärt Haile Selassie für abgesetzt und verfügt, daß der Kaiser in seinem eigenen Palast gefangengesetzt wird. Eine provisorische Militärregierung übernimmt die Macht im Staat.

Zunächst plant der *Derg* die Errichtung einer konstitutionellen Monarchie; als Thronfolger war Haile Selassies Sohn, Prinz Asfa Wossen, vorgesehen. Doch bereits im November setzt sich gegen den nominellen Chef der

Militärregierung, den General Aman Andom, eine radikale Fraktion, angeführt von Major Mengistu Haile Mariam, durch; der Putsch im Putsch führt zur Spaltung des Militärrates. Aman und mehr als fünfzig führende Offiziere und Würdenträger, darunter zwei frühere Ministerpräsidenten, werden hingerichtet.

Am 20. Dezember beschließt der Militärrat unter Mengistu, den Sozialismus zum Staatsziel zu machen, ein dem entsprechendes Einparteiensystem einzurichten, Banken und Produktionsmittel zu verstaatlichen und auf dem Land die Kolchosenwirtschaft einzuführen.

1975 Im Dezember eröffnet die Befreiungsfront von Eritrea einen langandauernden Guerillakrieg gegen die Zentralregierung in Addis Abeba. Auch in Tigre und im Oromo kommt es zu bewaffneten Aufständen.

Im März verkündet der Militärrat die endgültige Abschaffung der Monarchie.

Am 27. August stirbt Haile Selassie als Gefangener in seinem Palast in Addis Abeba.

Über den Autor

Ryszard Kapuściński wurde am 4. März 1932 in der ostpolnischen, heute zu Belarus gehörenden Stadt Pińsk geboren. Im Frühjahr 1945 übersiedelte die Familie nach Warschau. Kapuściński studierte Geschichte an der Universität Warschau und begann im Jahre 1955 an der Jugendzeitung *Sztandar Młodych* zu arbeiten, für die er Reportagen über die Aufbauphase Polens schrieb. Noch in den fünfziger Jahren wurde er zum ersten Mal als Korrespondent nach Asien (Indien, Pakistan, Afghanistan) und in den Mittleren Osten entsandt. Später verbrachte er lange Jahre als Korrespondent in Afrika und Lateinamerika. Kapuściński ist auch als Fotograf tätig.

Bibliographie: *Busz po polsku* (Busch auf polnische Art) 1962; *Czarne gwiazdy* (Schwarze Sterne) 1963; *Kirgiz schodzi z konia* (Der Kirgise steigt vom Pferd) 1968; *Gdyby cała Afryka* (Wenn ganz Afrika) 1971; *Dlaczego zginął Karl von Spreti* (Warum Karl von Spreti ums Leben kam) 1970; *Chrystus z karabinem na ramieniu* (Christus mit dem Karabiner über der Schulter) 1975; *Jeszcze dzień życia* (Wieder ein Tag

Leben, dt. 1974) 1976; *Wojna futbolowa* (Der Fußballkrieg, dt. 1990) 1978; *Cesarz* (König der Könige, dt. 1984) 1978; *Szachinszach* (Schah-in-schah, dt. 1986) 1982; *Notes* (Notizen, Gedichte) 1987; *Lapidarium* (dt. 1992) 1990; *Imperium* (dt. 1993) 1993; Kapuścińskis gesammelte Werke erscheinen in Einzelausgaben bei Eichborn.

KÖNIG DER KÖNIGE. EINE PARABEL DER MACHT von Ryszard Kapuściński ist im März 1995 als einhundertdreiundzwanzigster Band der ANDEREN BIBLIOTHEK im Eichborn Verlag, Frankfurt am Main, erschienen.

Das polnische Original wurde 1978 unter dem Titel *Cesarz* im Warschauer Verlag Czytelnik veröffentlicht. Die deutsche Übersetzung von Martin Pollack ist erstmals 1984 bei Kiepenheuer & Witsch in Köln publiziert worden. Kapuścińskis *Auskünfte* erscheinen zum ersten Mal in diesem Band.

Dieses Buch wurde in der Buchdruckerei Greno in Nördlingen aus der Korpus Modern Extended Monotype gesetzt und auf einer Condor-Schnellpresse gedruckt. Das holz- und säurefreie mattgeglättete 100g/qm Bücherpapier stammt aus der Papierfabrik Niefern. Den Einband besorgte die Buchbinderei G. Lachenmaier in Reutlingen.

 1. bis 7. Tausend, März 1995. Einmalige, limitierte Ausgabe im Buchdruck vom Bleisatz.

 ISBN 3-8218-4123-0. Printed in Germany.

Von jedem Band der ANDEREN BIBLIOTHEK gibt es eine Vorzugsausgabe mit den Nummern 1–999.